《친구 때문에 기분이 이상해!》에 쏟아진 관심

초등학생이라면 볼만한 가치가 있는 따뜻하고 지혜로우며 다가가기 쉬운 책

수준 높은 심리학을 이해하기 쉽고 공감이 가는 안내서로 풀어냈다. 아이들이
자기 감정을 이해하고 우정을 쌓고 유지하는 방법을 충분히 이해하도록 도와
줄 것이다.
　　　　　　　　　　　　　　　　　　　　리사 다무어 Lisa Damour, 임상 심리학자
　　　　　　《여자아이의 사춘기는 다르다Untangled》,《십 대의 감정생활The Emotional Lives of Teenagers》

어린이에게 용기를 북돋우는 책

이 획기적인 책을 아이와 함께 소리 내어 읽는다면, 아이들이 친구 관계에서
느끼는 감정들을 탐색하는 데 꼭 필요한 방법을 얻을 수 있다.

　　　　　　　　　　　　　　　　　에이미 맥크레디 Amy McCready, 긍정 육아법 창시자
　　　　　　　　　　　　　　　　《이기적인 아이 항복하는 부모The 'Me, Me, Me' Epidemic》

부모, 치료사, 교육자를 위한 필수 도구, 학생을 위한 유익하고 재미있는 안내서

유머와 체계적인 접근, 바로 실천 가능한 실용적 설명이라는 완벽한 조합으
로 자기 감정을 이해하기 어려워하는 아이들을 사로잡는다. 특히 친구 때문에
느끼게 되는 불안, 화, 슬픔이라는 세 가지 큰 감정에 대해 어린이의 실생활과
눈높이에 맞춘 상황과 질문들을 담아냈다.

　　　　　　　　　　　미셸 가르시아 위너 Michelle Garcia Winner, 소셜 싱킹 창시자

어린이를 위한 감정의 모든 것

어린이들은 친구 관계에서 느끼는 감정들을 관리하고 대처하는 일이 특히 더
힘들 수 있다. 감정을 둘러싼 각각의 감정 고리들을 자세히 살펴보고, 아이들
이 느끼는 감정이 무엇이고, 왜 그렇게 느끼는지, 그리고 그것이 어떻게 생기
고 발전하는지를 이해하게 돕는다.

　　　　　　　　엘리사 메더스 Elisa Medhus, 의사, 채널링 에릭(Channeling Erik) 설립자
　　　　《내 아들과 내세My Son and the Afterlife》,《스스로 생각하고 행동하는 아이로 키우는 노하우 7가지Raising
Children Who Think for Themselves》

성장의 기술을 발견하도록 돕는 재미있고 매력적인 안내서

단순히 성장하면서 느끼는 우정의 독특한 감정과 느낌을 말해 주는 게 아니라, 그런 감정과 관련된 이야기를 들려줌으로써 어린이가 자기 삶을 더 잘 즐길 수 있도록 돕는다.

매튜 머리Matthew Murrie, 호기심 기반 사고법 창시자
《'만약…라면?'의 책The Book of What If…?》 공동 저자

아이들이 부모와 함께 읽을 수 있는 재미있고 흥미로우며 유익한 책

우정은 아이들의 건강한 성장에 매우 중요하고, 중요한 감정들을 많이 만들어 낸다. 아이들이 경험하는 다양한 감정을 이해하도록 돕고, 돈독한 우정을 쌓기 위해 할 수 있는 말과 행동을 알려 줌으로써 아이들이 우정의 위기 순간을 잘 헤쳐 나가도록 돕는다.

메리 K. 알보드Mary K. Alvord, 심리학자
《십 대를 위한 행동 사고방식 워크북The Action Mindset Workbook for Teens》,
《십 대를 위한 부정적인 생각 정복Conquer Negative Thinking for Teens》

이 책은 고전이다!

감정과 행동, 반응, 친구 관계 형성에 대한 섬세하고 정확한 관점을 가진 이 책은 고전으로 남을 것이다.

조앤 포스터Joanne Foster, 영재 교육 및 아동 발달 전문가
《영재 교육을 현명하게Being Smart about Gifted Education》,
《너의 '그러나'를 없애라Bust Your BUTS》로 벤 프랭클린 실버상 수상

내 옆에 두고 싶고, 아이들 곁에 준비해 주고 싶은 책

감정은 우리를 부끄럽게 하거나, 뭔가 잘못했음을 자책하기 위한 것이 아니다. 대신 감정은 우리를 가르치고 성장하도록 돕는다. 감정에 대해 솔직해짐으로써 더 건강하고 긍정적이며 희망적인 사람이 될 수 있다. 나는 이 책을 사랑하고 너무나 감사한다!

루크 레이놀즈Luke Reynolds, 엔디코트대학 교육학 교수
《실패를 위한 실패 수업Fantastic Failures》,《중학교에서 살아남기Surviving Middle School》

아마존 독자 서평

분명한 행동을 제시하고 용기와 협력, 탐구, 호기심을 불러일으키는 멋진 책

부모로서 나는 이 책을 통해 새로운 것을 배우고 아들과 함께할 수 있는 기회가 생겨서 감사하다. 자녀와 함께하는 평생학습에 관심이 있는 부모에게 적극 추천한다.

어린이에게 꼭 필요한 자신을 사랑하고 감사하는 법에 대한 강력한 메시지

더 만족스러운 우정과 더 나은 자기 이해를 원하는 아이들과 부모와 교사들에게 이 책을 추천한다.

우정이라는 복잡한 감정을 탐색하는 데 꼭 필요한 도구

공감과 자기 인식 및 효과적인 의사소통을 촉진함으로써 타인과 의미 있게 연결되고 관계를 유지하기 위한 견고한 토대를 마련해 준다.

여동생 실라 케네디 힉키와
남동생 켄 케네디에게
너희는 늘 내게 재미와 웃음,
위안을 주는 좋은 친구야!

에일린 케네디 무어

평생 사랑과 웃음을 주시고
지지해 주시는 사랑하는 부모님,
마지와 조 마투로께

크리스틴 맥러플린

감정 표현이 서툰 어린이를 위한 내 마음 사용법
친구 때문에 기분이 이상해!

초판 1쇄 발행 2025년 1월 20일
글쓴이 에일린 케네디 무어, 크리스틴 맥러플린 ＼**옮긴이** 김유경
그린이 김소희

펴낸이 이영선
책임편집 김문정
편집 이일규 김선정 김문정 김종훈 이민재 이현정
디자인 김회량 위수연
독자본부 김일신 손미경 정혜영 김연수 김민수 박정래 김인환
펴낸곳 파란자전거 ＼**출판등록** 1999년 9월 17일(제406-2005-000048호)
주소 경기도 파주시 광인사길 217(파주출판도시) ＼**전화** (031)955-7470 ＼**팩스** (031)955-7469
홈페이지 www.paja.co.kr ＼**이메일** booksea21@hanmail.net

ISBN 979-11-92308-77-7 73190

파란자전거는 도서출판 서해문집의 어린이 책 브랜드입니다. 페달을 밟아야 똑바로 나아가는 자전거처럼
파란자전거는 어린이와 청소년이 혼자 힘으로도 바르게 설 수 있도록 도와줍니다.

어린이제품안전특별법에 의한 제품 표시
제조자명 파란자전거 ＼**제조국** 대한민국 ＼**사용연령** 10세 이상 어린이 제품
▲ **주의** 책의 모서리가 날카로우니 던지거나 떨어뜨려 다치지 않도록 주의하세요.
KC 마크는 이 제품이 공통안전기준에 적합하였음을 의미합니다.

감정 표현이 **서툰 어린이**를 위한 **내 마음 사용법**

008

친구 때문에
기분이
이상해!

에일린 케네디 무어, 크리스틴 맥러플린 글

김유경 옮김 | **김소희** 그림

파란자전거

건강한 관계 맺기의 시작,
내 감정을 제대로 다뤄 봐요!

감정은 눈에 보이지 않습니다. 그러나 힘이 세죠.

친구랑 싸우다가 화가 날 때는 소리를 지르는 행동이

불쑥 튀어나오기도 하고요.

친구가 나를 싫어한다는 생각이 들면 우울한 감정을 느끼기도 합니다.

이럴 때 필요한 것은 감정이 작동하는 원리를 이해하는 것입니다.

《친구 때문에 기분이 이상해!》는 "감정 고리"를 통해서

감정의 작동 원리를 직관적으로 보여 줍니다.

마치 머릿속을 들여다보듯 감정과 생각,

행동의 관계를 살펴볼 수 있도록 했는데요.

이는 아이들이 감정의 특징을 명확하게 이해하는 데 도움이 됩니다.

아이가 친구와 관계를 맺으면서 다양한 감정을 느끼기 시작한다면

이 책을 펼쳐 주세요.

이 책은 '친구 관계'에 초점을 맞추어 12가지 감정을

탐구할 수 있도록 이끕니다. 생생한 사례로 시작해서 각 감정을

어떻게 다루어야 하는지 구체적인 방법을 제시했기 때문에

친구 관계에 실질적인 도움과 유용한 꿀팁을 얻을 수 있어요.

감정을 제대로 다룰 줄 아는 아이는 건강한 관계를 맺을

힘이 있습니다. 평생 남는 감정 공부, 우리 아이가 감정부터

배울 수 있도록 도와주세요.

이현아
통로샘, 좋아서하는어린이책연구회 대표

부모님, 선생님 보세요!

인간관계는 매우 복잡합니다. 아이들에게는 우정을 둘러싼 감정을 이해하고, 감정에 관해 이야기하며, 감정에 어떻게 대처할지에 대해 도움을 줄 수 있는 세심하고 유용한 지침이 필요합니다. 우리가 이 책을 쓴 이유죠. 아이들 우정에 관한 연구와 프린스턴대학교에서 임상 심리학자로 일하는 에일린의 진료 사례를 바탕으로 했으니, 믿고 보셔도 좋습니다. 무엇보다 이 책을 통해 아이들이 자신의 감정을 알아 가는 동안 웃음을 잃지 않았으면 합니다. 곳곳에서 불쑥불쑥 나타나는 사랑스러운 냥이와 멍이가 많이 도와줄 거예요. 가끔은 농담도 하고 가끔은 필요한 말을 짚어 주기도 하며 이리저리 돌아다닐 테니까요.

아이가 친구에 대한 감정을 어떻게 다루느냐는 우정이 계속될지, 더 굳건해질지, 사라질지, 무너질지에 큰 영향을 줄 수 있어요. 연구에 따르면 자기 감정을 관리할 줄 아는 아이는 공감 능력이 뛰어나고 또래에게 더 인기가 있으며, 괴롭힘당할 가능성이 매우 낮다고 해요. 학습 능력도 더 뛰어나고 스트레스를 더 잘 관리하며 전반적으로 더 행복하답니다.

하지만 불행히도 아이가 감정을 다루는 법에 대해 주변에서 듣는 말들은 도움이 안 돼요. "걱정하지 마." 또는 "천천히 심호흡해 봐."와 같은 뻔한 말에 오히려 좌절하고 길을 잃을 수도 있어요. 친구에게 화가 났는데 "좀 진정해."라는 조언을 따르기는 쉽지 않아요. 이런 말은 우정을 유지하거나 친구 관계를 개선하기 위해 어떤 말과 행동을 해야 하는지 설명해 주지 않으니까요. 혹은 너무 화가 나면 베개를 주먹으로 치라고 가르치기도 하는데, 매우 안 좋은 행동이죠. 이런 공격적인 행동으로 아이는 잘못된 분노 해소 방법을 배울 수 있어요.

《친구 때문에 기분이 이상해!》는 어린이가 친구와의 관계에서 느끼는 감정을 훨씬 더 깊고 자세하게, 정확히 바라보도록 도와줍니다. 아이가 자신은 물론 타인을 이해하면서 효과적인 의사소통을 하고, 의미 있는 우정을 쌓으며, 삶에서 더 많은 기쁨을 누릴 수 있도록 도와주죠. 그뿐만 아니라 고통스러운 감정을 포함한 모든 감정이 어떻게 쓸모 있게 작용하는지도 설명합니다.

아이가 이 내용을 실생활과 연결할 수 있도록 어른이 함께 읽고 도움을 주면 더욱 좋습니다. 많은 정보가 담겨 있으니, 충분한 시간을 갖고 곁에 두고 읽어 보도록 해 주세요. 처음부터 차례대로 차근차근 봐도 좋고, 아이에게 가장 필요한 부분부터 보도록 알려 줘도 좋아요. 어떻게 보든 분명 실질적인 도움을 얻을 수 있고, 함께 생각하고 이야기할 만한 내용을 많이 발견할 테니까요.

차례

추천의 말
건강한 관계 맺기의 시작, 내 감정을 제대로 다뤄 봐요! · 4
이현아 통로샘, 좋아서하는어린이책연구회 대표

글쓴이의 말
부모님, 선생님 보세요! · 6

프롤로그
감정과 친구, 왜 알아야 할까요? ⸺⸺⸺ 14

1부
친구에 대한 불안

1
수줍음 : 파티에 가는 게 긴장돼요 ⸺⸺⸺ 24
지민의 감정 고리 성우 생일 파티에 초대받아 불안한 지민 · 26
이렇게 해 봐요 사회적 탐정 되기 · 28 | 미소 짓고 고개 끄덕이기 · 29 | 한 번에 한 사람과 대화하기 · 29 | 질문에 긍정적으로 대답하기 · 32 | 용감한 행동으로 사회적 자신감 키우기 · 34

2
걱정 : 친구가 화났을까 봐 두려워요 ⸺⸺⸺ 36
수연의 감정 고리 보혜가 문자에 답장하지 않아 걱정하는 수연 · 38
이렇게 해 봐요 시험이라고 생각하지 않기 · 40 | 다양한 가능성 생각해 보기 · 40 | 문제가 있으면 친구가 말해 줄 거라고 믿기 · 41 | 친구에게 쉴 틈 주기 · 44 | 직접 만나 대화하기 · 45 | 시간이 지난 후 친구와 다시 연락하기 · 46 | 걱정 내려놓기 · 47 | 다른 친구들과 어울리기 · 49

3 **당혹감** : 주목받는 게 겁나요 ──────────── 50

대호의 감정 고리　선생님에게 칭찬을 받아 당혹스러운 대호 • 52

이렇게 해 봐요　관심의 의도 생각하기 • 54 | 듣는 사람 파악하기 • 55 | 물에 익숙해지려면 물속에 머물기 • 55 | 칭찬에 정중하게 대답하기 • 58 | 다른 사람 앞에서 한 실수에 대처하기 • 59

4 **죄책감** : 실수해서 미안하고, 친구들이 날 어떻게 볼지 불안해요 ──────────── 62

서현의 감정 고리　실수해서 죄책감에 시달리는 서현 • 64

이렇게 해 봐요　누군가에게 상처 줬을 때 하지 말아야 할 말과 해야 할 말 • 66 | 자신을 용서하면서 죄책감에서 벗어나기 • 70

✦ 감정 이해하기　불안의 반대는 설렘, 호기심, 재미예요 • 75
✦ 감정 다루기　불안을 꼭 안아 봐요! • 78

2부 **친구에 대한 화**

5 **분노** : 친구와 말다툼했어요 ──────────── 82

재범의 감정 고리　비디오 게임을 하다 지훈에게 화가 난 재범 • 84

이렇게 해 봐요　물러나서 폭풍이 가라앉을 때까지 기다리기 • 86 | 몇 가지 진정법 시도하기 • 87 | 나쁜 행동에 대한 긍정적 이유 혹은 중립적 이유 생각하기 • 89 | 문제에서 내 잘못 생각하기 • 91 | 친구의 관점에서 생각하고 사과하기 • 91 | 문제에 관해 얘기하기 힘들다면 다른 방법 찾기 • 93 | 이해하기 쉽게 말하기 • 94

6 **질투** : 소외되어서 화가 나요 ──────────── 96

인희의 감정 고리　주민이 현지와 어울려서 속상한 인희 • 98

이렇게 해 봐요　계속 점수 매기는 일 피하기 • 100 | 마음속 '~해야 한다' 누그러뜨리기 • 101 | 우정 구슬 주머니 가득 채우기 • 103 | 열린 마음으로 질투 줄이기 • 104

7 | **짜증과 못된 감정** : 누군가 너무 싫어서 짜증 나요 ⸺⸺⸺⸺⸺ 108

진영의 감정 고리 나은의 웃음소리가 거슬리는 진영 · 110
이렇게 해 봐요 내가 세상에 내놓는 것은 결국 되돌아와요 · 112 │ 핑계 주의하기 · 113 │
적대적 사고에서 벗어나기 · 114

8 | **언짢음** : 나쁜 하루를 보내서 친구에게 신경질을 냈어요 ⸺⸺⸺⸺⸺ 116

주승의 감정 고리 팝콘을 권하는 미연에게 짜증 난 주승 · 118
이렇게 해 봐요 어떤 상황이든 최선을 다하기 · 120 │ 가장 마법 같은 단어 말하기 · 121 │
작은 결점에 집착하지 않기 · 122 │ 유연성 키우기 · 125 │ 문제점을 이야기하는 시기와 방
법 파악하기 · 127 │ 언짢음의 원인 해결하기 · 129

✦ 감정 이해하기 화의 반대는 수용과 동정심, 내 행복보다 더 큰 행복이에요 · 131
✦ 감정 다루기 화를 꼭 안아 봐요! · 137

3부 | 친구에 대한 슬픔

9 | **비통** : 멀리 이사 간 친구가 그리워요 ⸺⸺⸺⸺⸺ 142

구민의 감정 고리 해솔이 멀리 이사 가서 절망하는 구민 · 144
이렇게 해 봐요 자기 감정 받아들이기 · 146 │ 기분이 나아질 만한 일 하기 · 146 │ 다른
사람에게 마음 열기 · 147 │ 시간 갖기 · 149

10 | **실망감** : 원하는 팀이 아니어서 속상해요 ⸺⸺⸺⸺⸺ 150

유리의 감정 고리 친구와 다른 팀이라 걱정하는 유리 · 152
이렇게 해 봐요 내 안의 힘 믿기 · 154 │ '그래도' 놀이 하기 · 155 │
친구에게 지지를 표현하기 · 156

11 **수치심과 부러움** : 난 잘 못할 거예요 ———————— 158

재현의 감정 고리 넘어지면서 책을 떨어뜨려 창피한 재현 · 160
이렇게 해 봐요 남의 겉모습만 보고 나와 비교하지 않기 · 162 | 자신을 친구처럼 대하기 · 162 | 나에게 차이점은 무슨 의미인지 이해하기 · 163 | 질문에 대응 계획 짜 보기 · 166 | 나와 맞는 사람 찾기 · 168 | 남 앞에서 절대 자신을 깎아내리지 않기 · 168 | 내가 줄 수 있는 일에 집중하기 · 170 | 진정한 친구는 있는 그대로 받아들여요 · 171

12 **외로움** : 친한 친구가 생겼으면 좋겠어요 ———————— 172

지나의 감정 고리 놀이터에 혼자 있어 슬픈 지나 · 174
이렇게 해 봐요 강력한 힘을 가진 말 '지금 당장'에 집중하기 · 176 | 원하는 곳을 향해 작은 걸음 내딛기 · 176 | 많은 친구에게 마음 열기 · 178 | 진짜 내 모습 보여 주기 · 180 | 자신과 좋은 친구 되기 · 181

✦ 감정 이해하기 슬픔의 반대는 만족, 감사, 희망이에요 · 183
✦ 감정 다루기 슬픔을 꼭 안아 봐요! · 188

에필로그 **친구를 위로하는 방법** ———————— 190
행복하고 돈독한 우정을 쌓아요 ———————— 194

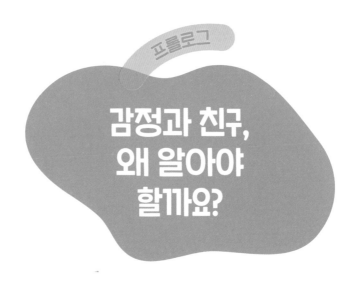

감정과 친구, 왜 알아야 할까요?

누구나 가장 친한 친구와 영원히 행복하게 지내기를 바라죠. 하지만 우정은 그렇게 간단하지 않아요. 새로운 친구를 사귀고, 끈끈한 우정을 잘 유지하려면 종종 복잡한 감정과 부딪힐 때가 많답니다. 또 대부분은 좋은 친구가 되고 싶고 내 옆에 있는 친구가 좋은 친구이기를 바라죠. 그러다 보니 친구와 뜻이 안 맞아서 화가 나거나 서로 짜증이 나는 순간을 겪으면 그 반응으로 크고 강렬한 감정을 느끼게 돼요. 여러분도 한 번쯤 이런 감정을 느꼈을 거예요. 이런 모든 감정은 아주 당연하죠.

- ✦ 친구의 말이나 행동에 화가 나거나 상처를 받았다.
- ✦ 친구가 내 행동에 어떤 반응을 할지 걱정하면서 불안해하거나 죄책감을 느꼈다.
- ✦ 친구가 나 아닌 다른 사람과 시간을 보내서 슬프거나 질투가 났다.

하지만 이런 감정을 어떻게 받아들이고 행동하느냐에 따라 친구와의 관계는 매우 달라져요. 이 책은 감정을 잘 이해하고 다뤄서, 돈독하고 행복한 우정을 쌓도록 도와줘요. **행복한 우정**이란 서로를 아껴 주고, 함께 있을 때 기분이 좋다는 뜻이에요. 물론 행복한 우정도 때로는 뜻이 다르거나 오해가 생길 수 있지만, 지금부터 그런 위기 순간을 극복하는 방법을 하나씩 배워 볼 거예요. 먼저 감정이 무엇인지 알아볼게요.

감정의 특징을 알아요

감정(Feeling)은 우리 주위에서 일어나는 일에 대한 마음속 반응이에요. 감정은 냄새와 비슷해요. 좋거나 불쾌할 수 있고, 약하거나 강렬할 수도 있어요. 감정은 우리에게 필요한 정보를 줘요. 감정을 통해 우리에게 무슨 일이 일어나고 있는지, 감정이 우리에게 어떤 의미인지를 알 수 있어요. 특히 감정은 몇 가지 중요한 특징이 있어요.

- 동시에 하나 이상의 감정을 느낄 수 있고, 이런 일은 매우 흔하다.
- 감정은 변할 수 있다. 지금 무슨 감정을 느끼든 두 시간이나 이틀 또는 2주 후에는 아마 다른 감정을 느낄 것이다.
- 생각과 행동은 감정은 물론 우정을 돈독히하는 데 큰 영향을 미친다.

이런 특징을 바탕으로 친구와의 관계에서 느끼는 감정을 이해하도록 도와주려고 해요. 격한 감정에 대해 어떻게 받아들이고 생각해야 하는지도 살펴볼 거예요. 이런 생각 방식은 고통스러운 감정을 다루는 데 도움이 돼요. 또 친구와 더 잘 지내고 더 친해질 수 있도록 감정을 서로 나누는 시기와 방법에 관해서도 알아보고요.

감정을 잘 다루려면 먼저 감정이 어떻게 작용하는지를 이해해야 해요.

맞네, 맞아.
친구와 함께 있을 때
설레고 행복하기도 했지만,
불안하고 실망스럽고…
또 화가 난 적도 있거든.

멍이 넌, 쓸데없이
복잡해 탈이야.
고양이에게는 짜증과 만족,
딱 두 가지 감정만 있는데.
대부분 짜증이고!

우리가 생각하고 느끼고 행동하는 모든 것이 어떻게 서로 영향을 주는지 간단하게 알아볼게요. 이제 감정 고리의 요소를 하나하나 살펴볼까요?

감정은 어떻게 생길까요?

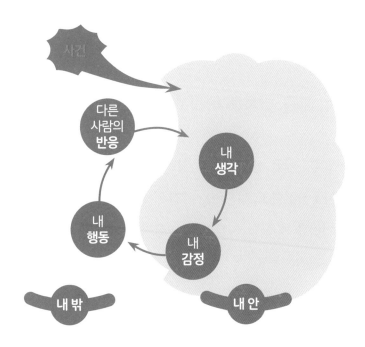

감정은 하나의 **사건**, 즉 여러분과 친구 사이에서 벌어지는 일로 시작해요. 사건이 발생하면 여러분은 바로 그 사건이나 상황이 자신에게 무슨 의미인지를 **생각**하죠. 뒤이어 그 생각은 **감정**을 만들고, 그 감정은 어떤 **행동**, 즉 무언가를 하게 할 수 있어요. 그러면 그 행동으로 다른 사람의 반응이 나타나요. 이것은 여러분이 한 일에 대한 **반응**으로 다른 사람이 생각하고 하는 행동을 뜻해요. 상대방의 반응은 '감정 고리'라는 큰 원을 다시 돌게 하는 새로운 사건이 될 수 있어요.

생각과 감정은 우리 안에서 일어나기 때문에 눈에 보이지 않지만, 우리 행동과 다른 사람의 반응은 밖으로 드러나기 때문에 다른 사람이 볼 수 있어요. 그러니 상황이 달라지기도, 새로운 사건이 생기기도 하죠.

생각, 행동, 반응에 따라 상황이 달라져요!

구체적인 예를 살펴볼게요. 성화가 야구 경기에서 친구 진영을 스트라이크 아웃시켰다고 해 보죠. 사건은 하나지만 다양한 의미가 담겼을 수 있고, 이것은 매우 다른 감정으로, 심지어 다른 관계로 이어지기도 해요.

상황 1 : 화를 내는 진영의 감정 고리

첫 번째 상황에서 진영은 성화가 자기를 좋아하지 않는다고 생각해요. 그래서 성화가 자신에게 못되게 굴지 모른다고 신경 쓰고 있었겠죠. 그러다 야구 경기에서 성화가 진영을 스트라이크 아웃시키자, 진영은 정말 성화가 자신을 싫어한다(생각)고 생각할 수 있어요. 진영은 스트라이크 아웃이 성화가 자신을 미워하는 증거라고 믿기 때문에 화(감정)가 나고, 성화에게 소리 지르게(행동) 되죠. 그러자 성화도 진영에게 소리를 질러

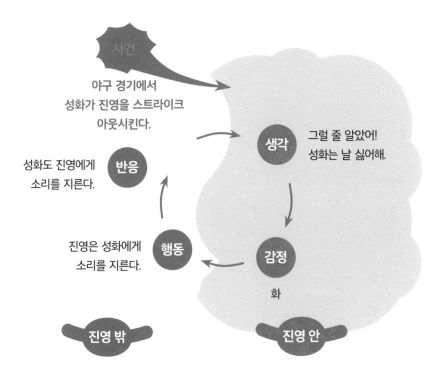

야구 경기에서
성화가 진영을 스트라이크
아웃시킨다.

사건

생각

그럴 줄 알았어!
성화는 날 싫어해.

성화도 진영에게
소리를 지른다.

반응

진영은 성화에게
소리를 지른다.

행동

감정

화

진영 밖

진영 안

요(반응). 성화의 반응을 보고 진영은 성화가 자신을 싫어한다고 더욱 확신해요. 한편 성화는 진영이 자신에게 소리 지르기 전까지는 아마도 진영을 크게 신경 쓰지 않았을 거예요.

상황 2 : 차분하게 받아들이는 진영의 감정 고리

두 번째 상황은 같은 사건으로 시작해요. 야구 경기에서 성화가 진영을 스트라이크 아웃시켜요. 하지만 이번에 진영은 성화가 자신을 정말 좋아한다고 생각하고, 스트라이크 아웃시킨 건 그냥 경기일 뿐(생각)이라고 생각해요. 그런 생각을 한 진영은 차분함(감정)을 느끼죠. 그러고는 심지어

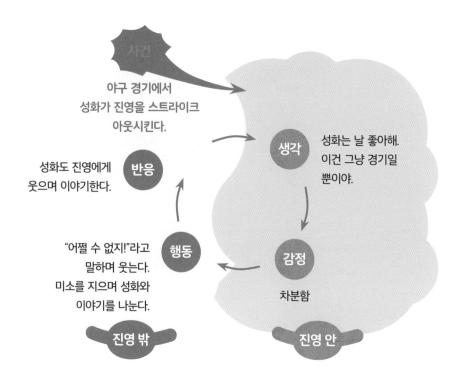

사건

야구 경기에서
성화가 진영을 스트라이크
아웃시킨다.

반응

성화도 진영에게
웃으며 이야기한다.

생각

성화는 날 좋아해.
이건 그냥 경기일
뿐이야.

행동

"어쩔 수 없지!"라고
말하며 웃는다.
미소를 지으며 성화와
이야기를 나눈다.

감정

차분함

진영 밖

진영 안

웃거나 "어쩔 수 없지!"라고 말해요(행동). 경기가 끝난 뒤에는 미소를 지
으며 성화와 이야기를 나눠요(더 많은 행동). 그러면 성화도 미소를 지으며
말하죠(반응). 따라서 진영은 성화가 좋은 사람이라고 더욱 확신해요.

두 상황을 보면 우리 감정이 사건이 일어나고 바로 생기지 않는다는
사실을 알 수 있어요. 사건과 감정 사이에는 단계가 있어요. 먼저 사건에
관한 우리 생각이 감정을 일으켜요. 또 우리의 생각과 감정은 행동을 일
으키고, 이것은 새로운 사건을 만들어 감정 고리를 계속 돌아가게 만들
수 있어요.

좋은 소식이 있어요! 여러분이 의미 있는 우정을 돈독히 쌓고 싶다면,

감정 고리의 각 단계를 바꾸면 돼요. 생각, 행동, 반응을 바꾸면 감정도 바뀌고, 관계도 바뀔 수 있답니다.

감정 가족을 소개합니다

친구 관계에서는 정말 다양한 감정이 생겨요. 좀 더 분명히 살펴보기 위해 비슷한 감정끼리 묶어 봤어요. 가족처럼요. 감정을 나눴다고 해서 꼭 한 번에 한 가지 감정만 느끼지는 않아요. 감정이 가진 특징에서도 살펴보았듯이 동시에 두 가지 이상의 감정을 느끼는 것은 흔한 일이랍니다.

행복

희망, 만족,
내 행복보다 더 큰 행복,
감사, 호기심, 동정심,
설렘, 재미, 수용

불안

수줍음, 겁,
죄책감, 긴장, 걱정,
두려움, 당혹감

화

질투, 분노,
짜증, 못됨, 성냄,
억울함, 언짢음

슬픔

비통, 실망,
수치, 상처받음,
외로움, 부러움

왜 친구에 대해
불안해할까?
친구랑 있으면
즐거운데!

음, 나도 불안할 때가
있어. 모두가 날 좋아하면
좋겠는데, 안 그럴까 봐
걱정이 되거든.

그냥 얼굴을 핥아 줘.
모두가 널 좋아하게
만드는 가장 좋은
방법이야.

글쎄, 정말
그럴까?

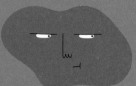

불안한 감정은 나쁜 일이 벌어질지 모른다는
걱정 때문에 생겨요. 친구에 대해 불안하다면
보통 친구들이 여러분을 좋아하지 않을까 봐
걱정한다는 뜻이에요.

친구에 대한 불안

1부

불안은 불편한 감정이지만, 쓸모가 있기도 해요. 다른 사람이 우리에게
원하는 것이나 기대하는 바를 깨닫게 해 주거든요. 다른 사람의 감정을
배려하는 것은 좋은 친구가 되는 데 도움이 돼요. 남의 생각을 전혀 신경
쓰지 않는 사람은 무례한 행동을 하는 경우가 많아요.

불안은 우리에게 다정한 사람이 되려고 노력할 힘을
주기도 하죠. 하지만 너무 불안해하면, 다른 사람과
함께하고 싶은 마음이나 다른 사람이 우리를 알아 갈
기회를 막을 수도 있어요.

수줍음은 여러분이 잘 모르는 사람과 있을 때 느끼는 불편한 감정이에요. 무슨 말이나 행동을 해야 할지 모르겠고, 사람들이 여러분을 좋아하지 않을까 봐 걱정해서 그래요. 수줍음이 많은 사람은 다른 사람과 어울려야 할 때 긴장하거나 마음이 불안하고 초조해요. 그래서 종종 그런 상황을 피하려고 하죠.

숨고 싶으면 소파 밑으로 기어들어. 나도 낯선 사람들과 있을 때 그렇게 하거든.

오호, 화장실에 숨으면 물을 실컷 마실 수 있겠는걸.

지민은 파티에 가는 것이 두려워요. 생일을 맞은 성우 외에는 아는 사람이 없어서요. 지민은 다른 사람이 즐겁게 보내는 동안 자신은 구석에서 어색하게 서 있을 거라고 생각하나 봐요. 어쩌면 다른 사람들이 그런 자신을 보며 수군대는 모습을 상상할 수도 있겠죠. 이런 상상을 하면 겁이 나고, 어디론가 숨고 싶어요.

여기에서 문제 중 하나는 지민이 성우의 생일 파티를 마치 공연해야 하는 장소로 보고 자신이 무대에 선다고 생각한다는 거예요. 지민은 다른 아이들이 자신을 판단하는 모습을 상상하고, 모두에게 깊은 인상을 남기기 위해서 기발한 말을 해야 한다고 생각해요. 정말 여러분도 성우가 파티에서 지민이 모두를 놀라게 해 줄 걸 기대한다고 생각하나요?

그거 좋은 생각이네!

성우 생일 파티에 초대받아
불안한 지민

사건

지민은 생일 파티에
초대받는다.

생각

모두에게 깊은 인상을 남겨야 해.
나는 대단한 사람이 아니야.
나는 이 파티를 감당할 수 없어!

반응

성우는 상처받을 수 있다.
다른 아이들은 지민이
자기들과 친구가 되고
싶어 하지 않는다고
생각할 수 있다.

감정

불안,
다른 사람 시선을
너무 신경 써서 불편함

행동

파티에 안 가거나, 가더라도
화장실에 숨는다.

지민 밖

지민 안

26

지민의 감정 고리에서 사건은 파티에 초대받으면서 시작돼요.
지민은 그 반응으로 '관객'인 다른 파티 참석자가 자신을 좋아할 수
있도록 매우 기발하거나 재미있거나 멋지게 보여야 한다고 생각해요.
하지만 지민은 자신이 매우 기발하거나 재미있거나 멋지지 않다고
믿기 때문에 이 파티를 감당할 수 없다고 생각해요. 그래서 불안하고
어색해서 아예 파티에 가지 않거나, 가더라도 화장실에 숨거나(행동)
두 가지 중 하나를 선택하기로 해요.

이런 지민의 행동을 보고 다른 아이는 어떻게 반응할까요?
성우는 마음에 상처를 받고 감정이 상할 수도 있어요. 누군가의
마음에 상처를 준다는 것은 고통을 주는 일을 한다는 뜻이에요. 또 다른
아이들은 지민이 자신과 친구가 되고 싶어 하지 않는다고 생각하며
지민을 다정하게 대하지 않겠죠. 지민의 감정 고리는 실제로 지민이
두려워하는 상황, 아이들이 지민을 좋아하지 않는 상황을 만들고 있어요!

지민은 자신을 너무 압박하고 있어요. 그 누구에게도 깊은 인상을 남길
필요가 없는데 말이에요. 그냥 재미있게 보낼 방법만 찾으면 돼요.
여러분이 파티나 다른 모임에서 긴장될 때 해 볼 수 있는 몇 가지
방법을 소개할게요. 아주 쉬워요!

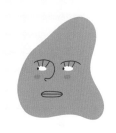

사회적 탐정 되기

여러분은 **사회적 탐정**이 될 수 있어요. 처음 보는 아이들이나 여러 친구와 잘 어울리는 것도 사회생활 중 하나예요. 사회생활을 잘 해 나가기 위해 탐정처럼 주변 상황과 친구들을 찬찬히 살피는 것이 바로 사회적 탐정이죠. 특정 상황에서 다른 아이들이 무엇을 하는지 주의 깊게 관찰해 봐요. 그러다 보면 여러분이 할 수 있는 일을 찾을 수 있어요.

지민의 경우 생일 파티에 도착해서 가장 먼저 할 수 있는 일은, 다른 아이들이 가져온 선물을 어디에 두었는지 살펴보고 자기 선물도 거기에 두는 거예요. 다음은 날씨가 쌀쌀하다면, 다른 아이들이 외투를 어디에 거는지 살펴보고 자기 옷도 거기에 거는 거죠. 그런 다음 생일을 맞은 친구에게 다가가 인사할 수도 있어요. 끝으로 다른 아이들이 무엇을 하는지 살펴보고 같은 일을 해 봐도 좋아요. 어떻게 즐겁게 보낼지 모를 때는 즐겁게 시간을 보내는 아이들과 어울리면 돼요. 아이들이 모여서 어떤 놀이를 하려고 줄을 섰다면, 여러분도 따라서 줄을 서 보세요. 그러나 남들을 다치게 하거나 화나게 하거나 무언가를 깨뜨리는 아이들을 따라 하지는 말아야겠죠?

> 두 눈을 크게 뜨고, 재미있게 보낼 방법을 찾아봐요.

미소 짓고 고개 끄덕이기

낯선 아이와 함께 있을 때 가끔 무슨 말을 해야 할지 몰라 불안하기도 해요. 하지만 비밀을 하나 알려 줄게요. 그럴 때는 꼭 무언가를 말할 필요가 없어요! 그냥 얼굴과 몸을 이용해 보세요. 아이 주변에서 친해지고 싶은 마음을 드러내기 위해 미소 짓고, 적절할 때 고개를 끄덕이세요. 어쩌면 따라 웃어 볼 수도 있겠죠. 좀 더 편안해지면 말을 해 보고 싶을 수도 있지만, 꼭 그렇게 하지 않아도 돼요. 아무 말을 하지 않아도 계속 함께하는 것이고, 재미있을 거예요. 여러분은 이미 파티에 참여하고 있으니까요! 모두가 요란하게 주의를 끄는 파티의 스타가 될 필요는 없어요. 조용히 친근하게 다가가는 것도 방법이에요.

한 번에 한 사람과 대화하기

특히 잘 모르는 많은 사람과 대화를 해야 한다고 생각하면 부담스러울 수 있어요. 그럴 때는 한 번에 한 사람에게만 집중하세요. 우연히 옆에 있는 사람일 수도 있고, 방을 둘러보면서 친절해 보이지만 대화를 하고 있지 않은 사람을 찾아보고 다가가서 말을 걸어 보세요. 대화를 시작하기 위해서 꼭 그 사람을 잘 알 필요는 없어요. 전혀 모르는 사람이어도 괜찮아요.

그렇다면 그 사람에게 뭐라고 말해야 할까요? 여러분이 쉽게 해 볼 수 있는 몇 가지 대화를 소개할게요.

진심 어린 칭찬하기

"네 신발 아주 마음에 들어.", "머리 모양이 정말 예쁘다.", "와! 대박!"처럼 간단한 말로 칭찬해 보세요. 단, 진심으로 느끼는 칭찬만 하세요.

공통점 찾기

공통점은 여러분과 상대방이 똑같이 가지고 있는 거예요. 거기에서 우정이 자라나죠. 파티에서 누군가와 함께 있다면, 둘 사이에는 최소한 두 가지 공통점이 있어요. 초대자의 친구인 점과 지금 그 파티에 있다는 점이죠. 그리고 질문을 해 보면 공통점을 파악하는 데 도움이 돼요. '어떻게' 또는 '무엇'으로 시작하는 질문을 해 보세요. '예, 아니요'라는 짧은 대답보다 더 많은 정보를 얻을 수 있어요. 이렇게 하면 대화를 계속 이어가는 데 도움이 된답니다.

지민이라면 "넌 성우랑 어떻게 아는 사이야?"라고 물어볼 수 있어요. 또는 "무슨 스포츠를 가장 좋아하니?"라고 물어볼 수도 있겠죠.

또 여러분이 좋아하는 영화나 수집품과 관련된 옷을 누군가 입고 있다면 "티셔츠 멋지다! 나도 그 영화 좋아하는데."라고 말해 봐요. 그런 다음 "넌 새로 나온 영화 어떻게 생각해?" 또는 "새 시리즈는 어떤 것 같아?" 같은 질문을 해 볼 수 있어요. 단, 자랑하지 않도록 조심하세요. 그렇다

고 자신을 너무 낮추지도 마세요. 즐거운 대화란 상대방을 알아 가고, 상
대방에게 여러분을 알려 주며, 서로 공통점이 무엇인지 알아내는 것이지
자기 자신을 판단하는 게 아니에요.

함께하는 활동으로 대화 끌어내기

보통은 함께 무언가를 하면서 이야기를 나누는 게 가장 쉬워요. 게임
을 하고 있다면 게임에 관해 이야기해 보세요. 피자를 먹고 있다면 피자
나 좋아하는 음식에 관해 이야기할 수도 있어요. 함께하는 활동에서 찾
으면 많이 생각하지 않아도 자연스럽게 대화가 흘러나올 가능성이 커요.

필요하다면 다른 사람으로 넘어가기

여러분이 말을 걸었던 첫 번째 사람이 반응을 보이지 않아도 괜찮아
요. 대화가 어색하다고 죽거나 심각하게 다치는 사람은 없으니까요. 그냥
"음, 나 (물 좀 마시러, 게임 좀 하러, 생일 맞은 친구 좀 찾으러…) 가 볼게. 다음
에 보자."라며 대화를 끝내세요. 그런 다음 자리를 옮겨 다른 사람과 대화
해 보세요.

질문에 긍정적으로 대답하기

대화하려고 다가가는 것 말고도, 누군가 여러분에게 질문을 건네면 다

정하게 대답하세요. 종종 사람들은 '어떻게 지내?'라는 질문을 해요. 이런 질문에 대답할 때는 **긍정적 대답과 사실 한 가지**(Great-Plus-One-Fact)라는 공식을 기억해 두면 도움이 돼요.

'긍정적 대답(아주 좋아.)'은 열정을 나타내요. 이런 대답은 대화를 더 즐겁게 해 주기 때문에 중요하죠. 보통 잘 모르는 사람에게는 부정적으로 대하기보다 긍정적으로 대하는 것이 예의거든요.

'사실 한 가지'는 듣는 사람이 머릿속에 그림을 그릴 수 있는 내용이어야 해요. 그러면 여러분 대답이 흥미로워지고 대화가 자연스럽게 흘러가는 데 도움이 되거든요. 예를 하나 들어 볼게요.

 요즘 축구 하는 건 어때?

 최고지! 올해는 한 경기도 이기지는 못했지만, 팀원들끼리 서로 응원하면서 즐겁게 뛰고 있어. 간식도 정말 맛있고.

우아, 좋은 대답이에요! 듣는 사람이 쉽게 상상할 수 있는 긍정적인 이야기, 즉 응원과 맛있는 간식 이야기를 찾았네요. 그러면 거기에서부터 대화를 계속 이어 갈 수 있어요. 여러분도 아이들이 어떤 간식을 먹었을지 궁금하지 않나요?

이제 여러분이 "넌 주말을 어떻게 보냈어?"라는 질문에 친절하게 대답해 보세요. '긍정적 대답과 사실 한 가지' 공식을 이용해서요.

먼저 "최고였어!"로 시작하세요. 별로였는데 거짓말을 하라는 뜻이 아니에요. 주말 전체를 통틀어서 좋았던 점을 찾아보라는 말이에요. 그런 다음 상대의 머릿속에 그림을 그려 줄 수 있는 구체적인 사실 한 가지를 말해 보세요. 물론 항상 기분이 좋아야 한다는 뜻은 아니에요. 그런 사람은 없으니까요. 하지만 여러분 삶 어딘가에는 솔직히 최고라고 느낄 만한 일이 늘 있어요. 그런 것들을 알아채는 일은 좋은 습관이랍니다. 또 "그냥 지루했어. 아무 일도 없었거든."처럼 재미없는 대답을 한다면 상대방은 자신과 더는 말하고 싶어 하지 않는다고 생각할 수 있어요.

용감한 행동으로 사회적 자신감 키우기

용감하다는 것은 무슨 뜻일까요? 보통 용감하다고 하면 절대 두려워하지 않거나 긴장하지 않는다고 생각해요. 하지만 실제로 용감하다는 것은 겁이 나더라도 무언가 한다는 뜻이에요.

불안을 느끼는 것은 새롭거나 도전적인 일을 하고 있다는 신호이고, 머리와 몸이 활기차게 움직일 준비가 되었다는 뜻이에요! 위험하지는 않지만 두렵다고 느끼는 일을 더 많이 할수록 불안감을 다룰 수 있는 자신감이 생기고, 두려운 상황이 점점 더 쉬워 보여요.

반대로 그런 일은 피하면 피할수록 더

> 용감하다는 것은
> 겁이 나도 무언가 한다는
> 의미예요.

욱 무서운 법이죠. 피하면 불안감이 커져요.

지민이 만일 파티에 안 가기로 했다면 처음에는 "휴! 파티에 안 가도 돼!"라고 안도감이 들 수 있어요. 하지만 다음번에 또 비슷한 상황과 맞닥뜨리면 더 가기 어려워요. 전에 그런 일에 대처할 수 있음을 스스로 증명하지 못했기 때문이죠.

만일 잘 모르는 아이들과 이야기하는 일이 긴장되고 불안하다면, 대화하는 연습을 해 보세요. 조금씩 그 일이 더 쉬워질 테니까요. 매일 사람 수를 정해 인사한다는 목표를 세워 볼 수 있어요. 누군가에게 진심으로 칭찬하는 말을 건네거나 공통점을 찾기 위해 질문을 해 볼 수도 있어요.

많이 해 보지 않은 일인 만큼 어색하고 불편한 건 당연해요. 하지만 계속 그런 상황을 경험하다 보면, 더 익숙해지고 긴장감도 사라진답니다. 심지어 즐겁게 보낼 수도 있어요.

누군가와 놀고 싶으면, 그냥 공을 물고 그 사람 발에 떨어뜨려! 지민이도 그렇게 해 보면 좋을 텐데.

신발 끈을 물어뜯을 수도 있지! 이건 재미있는 일을 시작하는 최고의 방법이거든. 지민이도 한번 그렇게 해 봐야 해!

걱정

2

친구가 화났을까 봐 두려워요

안녕, 보혜야.
잘 지내니?

안녕?!?!?

왜 답장을 안 하는 거야? 나한테
화났나? 왜 날 무시하는 거야?!

수연아, 걱정하지 말고 그냥 울부짖어 봐.

수연은 보혜가 문자 메시지에 바로 답장하지 않자, 문제가 생겼다고 상상해요. 보혜가 자신에게 화나서 더는 친구로 생각하지 않는다고 상상하며 두려워하죠. 두려워한다는 것은 불안하다는 뜻이에요. 어떤 식으로든 무언가 혹은 누군가가 자신에게 상처를 주거나 속상하게 만들까 봐요. 당연히 보혜가 친구 하기 싫다고 하면 수연은 속상하겠죠.

내가 울부짖으면 동네 개들도 다 짖어 대거든. 마치 콘서트 같아. 분명 보혜도 그 소리를 들으면 바로 함께 소리칠걸.

수연은 보혜가 답장하지 않는 이유를 잘 몰라서 여러 이유를 상상하며 걱정하고 있어요. 걱정한다는 것은 일어날 수 있는 문제와 그 문제가 얼마나 어려울지를 계속 생각하기 때문에 불안할 수밖에 없어요. 이런 속상한 생각이 머릿속을 맴돌다 보면 걱정이 점점 더 커져요. 습관적으로 걱정하다 보면 끔찍한 결과를 상상하는 데 많은 시간을 들이기 때문에 더욱 불안해해요.

우리가 뭔가를 잘 모를 때, 우리의 상상력은 그 빈 공간을 채우며 더 걱정하게 만들어요. 수연은 보혜가 답장하지 않는 이유를 모르기 때문에, 더는 친구가 되고 싶어 하지 않는다는 최악의 상황을 상상했어요. 하지만 우리가 무언가를 상상한다고 해서 반드시 그렇게 되거나 그럴 가능성이 있지는 않아요.

맞아, 맞아. 고양이도 음악을 매우 좋아해. 자, 이제 파티를 시작해 볼까. 야아오옹!

보혜가 문자에 답장하지 않아
걱정하는 수연

사건

보혜가 수연의
문자에 답장하지 않는다.

생각

보혜가 날 좋아한다면,
바로 답장을 할 텐데.
만일 보혜가 내게 화났으면 어쩌지?
나한테 화가 난 게 맞는지
알아봐야겠어.

반응

보혜는 답장을 요구하는
수연의 문자들을 보면
짜증 날 것이다.

행동

문자를 계속 보내서
보혜가 화났는지
확인하고, 안심할 수 있는
방법을 찾는다.

감정

불안, 걱정

수연 밖

수연 안

수연의 감정 고리는 문자 답장을 못 받은 사건에서 시작돼요.

수연의 생각은 그 사건에 의미를 부여하죠. 수연은 보혜가 자신을

좋아하면 늘 바로 답장을 하리라고 믿어요. 그래서 바로 답장이 없자

자신에게 화났다고 상상하죠. 게다가 이런 불확실한 상황을 참지

못하고 보혜가 아직 자신을 좋아하는지 바로 확인해야겠다고 생각해요.

이 모든 생각이 수연을 매우 불안하고 걱정하게 만들어요.

그래서 수연은 보혜에게 계속 문자를 보내기 시작하죠.

하지만 그건 보혜를 짜증 나게 할 뿐이에요.

수연은 자신이 안심할 방법을 찾고 있어요. 누군가(지금은 보혜)가 걱정을

덜어 주기를 바라죠. 하지만 이런 식으로 친구를 계속 찔러 보면 결국

친구와 멀어질 수밖에 없어요. 수연이 처음에 걱정했던 바로 그 일이

생기고 말아요.

그렇다면 수연과 같은 상황에서 친구가 대답하지 않을 때 생기는

걱정을 잠재울 수 있는 좋은 방법은 무엇일까요?

시험이라고 생각하지 않기

친구에게 보내는 문자를 우정의 시험으로 보지 마세요. 답장이 바로 오면 날 좋아하는 것이고, 그렇지 않으면 관심이 없다는 생각은 친구에게 부담을 주고 작은 행동에 너무 큰 의미를 두는 셈이에요.

물론 누구나 바로 답장을 받고 싶죠. 하지만 어떤 친구의 답장을 받는 데는 하루나 일주일이 걸릴 수도 있어요. 급한 내용이 아니라면 답장을 안 할 수도 있고요. 실망스럽긴 하지만 답장과 친구가 여러분에 대해 어떻게 느끼는지와는 전혀 상관이 없을 수 있답니다.

다양한 가능성 생각해 보기

친구가 바로 답장하지 않은 이유에 대해 성급하게 결론을 내리지 마세요. 만일 친구가 날 좋아하지 않기 때문이라고 생각한다면 아무 이유 없이 자신을 비참하게 만들 수 있어요. 친구가 바로 답장하지 않는 데는 여러 가지 이유가 있을 수 있어요.

친구가 답장하지 않는 여러 이유를 생각하다 보면 상황을 더 객관적으로 받아들이는 데 도움이 돼요. 항상 연락이 가능한 사람은 없어요.

- ✦ 어쩌면 숙제하느라 바쁠 수도 있다.

- ✦ 어쩌면 곤란한 상황이라 부모님이 핸드폰을 가져갔을 수도 있다.

- ✦ 어쩌면 가족과 함께 무언가를 하고 있을 수도 있다.

- ✦ 어쩌면 핸드폰이 꺼져 있을 수도 있다.

- ✦ 어쩌면 몸이 아플 수도 있다.

- ✦ 어쩌면….

문제가 있으면 친구가 말해 줄 거라고 믿기

때때로 친구에 대해 불안해하는 아이들은 사실이 아님에도 불구하고 친구가 자신을 거부한다고 상상해요. 친구가 문자에 답장하지 않거나, 신경을 덜 쓰는 것 같거나, 다른 사람과 더 많이 어울리면 "친구가 나한테 화가 났나 봐!"라는 성급한 결론을 내리죠. 그들은 친구를 잃는 것이 너무 두려워서 친구가 자신에게 화가 났는지를 계속 확인해요. 하지만 불행히도 그런 행동 때문에 문제가 생깁니다.

친구 입장이 되어 보세요. 화가 나지 않았는데 계속 화났냐는 질문을 받으면 어떨까요? 마치 배려하는 질문처럼 보이지만, 내 불안과 걱정을 덜기 위해 친구의 감정을 신경 쓰지 않은 셈이에요.

너 나한테 화났어?

 아니.

 정말이야? 나한테 화난 것 같은데.

 아니야.

 나한테 화 안 난 거 확실해?

 음, 안 났었는데… 이제 슬슬 짜증이 나네!

좋은 친구가 되려면 상대방을 믿어야 해요. 친구가 여러분을 좋아하는지 싫어하는지 계속 확인하는 것은 "나는 너를 믿지 않아!"라고 말하는 것과 같아요. 친구가 어떤 상태인지 잘 모르는 상황에서 나쁜 쪽으로 상상하며 걱정하다 보면 불안하고, 속상한 생각이 머릿속을 맴돌게 돼요. 이런 일이 반복되면 불확실한 상황에 부딪힐 때마다 끔찍한 결과를 상상하며 더욱 불안에 떨게 되죠. 신뢰는 불안을 잠재우는 데 도움이 돼요.

보통 누군가 여러분에게 화가 났다면 분명 티가 나요. 친구가 여러분에게 화가 났다면 무슨 말을 할지 생각해 보세요. 그리고 친구가 그렇게 말하지 않으면 다 괜찮다고 생각하세요.

친구에게 쉴 틈 주기

이유가 뭐든 보혜는 지금 바로 문자를 할 수가 없거나, 하고 싶지 않은 상황이에요. 그렇다고 문제 될 건 없어요. 좋은 친구는 필요할 때 기꺼이 서로에게 쉴 틈을 주니까요. 수연은 보혜를 너무 신경 쓰지 말고 당분간 혼자 있게 해 줘야 해요.

친구 사이의 대화는 서로 번갈아 주고받는 캐치볼 놀이와 같아야 해요. 만일 여러분이 친구보다 공을 훨씬 더 많이 던진다고 깨닫는다면, 둘 사이가 공평하도록 좀 줄이면 좋아요.

꼭 답장을 받아야 하는 중요한 내용이라면 다시 묻기 전에 두 시간 정도 기다려 보세요. 그런 다음 '안녕, 또 귀찮게 해서 미안해. 그런데 내일 경기가 끝난 후에 우리 아빠가 너를 집까지 태워 주길 원하는지 오늘 밤까지 알려 줬으면 좋겠어.'라고 메시지를 보낼 수 있어요. 하지만 별로 급한 일이 아니라면 하루나 이틀 정도 기다려 보세요. 친구에게 연락할 기회를 주는 거죠.

기다리는 일은 쉽지 않지만, 떨어져 있는 시간은 친구에게 조금이나마 그리움을 느끼게 해서 함께하고 싶은 마음을 부추기기도 해요. 기다림은 친구 관계에서 불안을 다스리는 중요한 기술이자 꼭 필요한 부분이에요. 기다림으로써 불확실한 것에 익숙해지도록 자신을 훈련할 수도 있어요. 여러분은 친구가 답장하지 않는 이유를 몰라도 기다릴 수 있을 만큼 강해요. 자기 자신을 믿으세요. 그리고 친구를 믿으세요.

수연은 대답 없는 친구를 신경 쓰는 대신 다른 일을 하면서 관심을 다른 데로 돌릴 수 있어요. 다른 친구에게 메시지를 보내 볼 수도 있고, 핸드폰을 내려놓고 혼

자 또는 다른 사람과 할 수 있는 재미있는 일을 찾아볼 수도 있겠죠. 여러분은 시간이 날 때 뭐 하는 것을 좋아하나요?

직접 만나 대화하기

수연은 될 수 있으면 보혜를 직접 만나고 싶을 수 있어요. 문자 메시지로는 말투와 표정 또는 몸짓 언어가 표현되지 않으니까요. 그래서 오해가 생길 가능성이 커요. 우선 이렇게 해 보세요.

✦ 화난 목소리로 "안녕."이라고 말하기.
✦ 겁먹은 목소리로 "안녕."이라고 말하기.
✦ 신나는 목소리로 "안녕."이라고 말하기.

이 세 가지 "안녕."은 매우 달라요. 말할 때마다 감정을 드러내기 위해 목소리 톤과 표정, 몸짓이 변해요. 하지만 전달하는 내용은 모두 똑같아

보이죠. 그래서 문자 메시지로 감정이 담긴 대화를 나누는 일은 결코 좋은 방법이 아니에요. 이모티콘만으로는 문자로 소통할 때 놓치는 모든 감정을 담을 수 없거든요.

만일 수연이 보혜의 몸짓을 보면서 직접 대화한다면, 지금 둘의 우정이 어떤지 더 잘 파악할 수 있고 걱정도 덜 수 있어요.

시간이 지난 후 친구와 다시 연락하기

이튿날 학교에서 보든 나중에 문자로 연락하든 다시 연락이 닿는다면, 수연은 전에 답장하지 않은 일과 관련해 절대 보혜를 곤란하게 만들어서는 안 돼요. 과거는 과거로 흘려보내고 다시 만난 순간 즐겁게 보내는 데 집중해야 해요. 함께 재미있게 어울리다 보면 둘 사이가 더욱 돈독해지거든요.

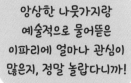

난 무시당하는 게 정말 싫어. 반려인이 너무 무시하면, 난 화초들을 죄다 갉아 먹지.

앙상한 나뭇가지랑 예술적으로 물어뜯은 이파리에 얼마나 관심이 많은지, 정말 놀랍다니까!

다시 연락되면, 수연이 "내 문자에 답장해 줄 수 있을까? 너한테 문자를 보냈는데 답장이 없으면 나는 불안(또는 좌절이나 실망)하거든."이라고 말하면서 정중하게 원하는 바를 요청해 볼 수도 있어요. 이 말에는 다음 같은 의미가 담겨 있어요.

- ✦ 수연이 원하는 구체적인 행동(문자에 답장하기)을 요청해요.
- ✦ 강요가 아니라 '해 줄 수 있을까?'라는 표현을 사용해요.
- ✦ 보혜를 비판하는 '너' 대신 '나'라는 단어를 사용해서 수연의 감정을 설명해요.

또 수연은 답장하지 않은 문자에 대해서 보혜에게 아무 말도 안 할 수 있어요. 둘이 계속 우정을 이어 가려면 보혜가 여러 면에서 좋은 친구이지만, 문자 답변에는 능숙하지 않다는 사실을 인정해야 할 수도 있으니까요. 좀 더 이해하고 용서하는 태도도 우정을 쌓는 데 도움이 됩니다.

걱정 내려놓기

수연은 보혜와의 우정이 끝날까 봐 매우 두려워해요. 그런데 만일 보혜가 정말로 수연에게 화났고, 일부러 수연을 무시한 것이라면 어떻게 될까요?

그럴 가능성도 있어요. 상대방과 대화를 거부하는 행동은 우정의 위기를 드러내는 현명하거나 친절한 방법은 아니지만, 때때로 그런 일이 생겨요. 모든 우정이 영원하지는 않으니까요.

수연은 나쁜 일이 일어날 가능성이 있으면 그 일을 걱정해야 한다고 생각해요! 걱정하면 큰 노력과 에너지가 들기 때문에 마치 도움이 되는 듯해요. 하지만 그런다고 나쁜 일을 막을 수는 없죠. 걱정은 여러분을 불행하게 만들 뿐이에요.

수연은 자신에게 "지금 이 순간, 보혜는 나한테 화났다고 직접 말하지 않았어. 만일 화났다고 하면, 그때 해결하면 돼."라고 말해 줄 수 있어요. 현재 순간에 초점을 맞추는 거죠. 동시에 이런 말은 우리가 미래를 예측할 수 없다는 사실을 깨닫게 해 줘요. 그러니 일어날지도 모른다고 생각하는 모든 나쁜 일에 대한 걱정은 그만 내려놓아요. 그런 걱정은 지금 이

순간의 즐거운 일들을 우리에게서 빼앗아 갈 뿐이니까요.

하지만 결국 보혜가 수연에게 화났다고 말한다면, 수연은 대화를 통해 지금 일어나는 일을 파악할 수 있어요. 모든 나쁜 가능성을 상상하는 것보다 더 나은 상황에서 문제를 파악하고 대처할 수 있죠. 따라서 지금 걱정하는 건 수연이 더 좋은 친구가 되는 데 도움이 되지 않아요. 어쩌면 나중에 보혜가 수연에게 연락할 수도 있고, 아닐 수도 있어요. 직접 만나게 된다면 다시 연락하며 지낼 수도 있고, 아닐 수도 있어요. 받아들이기 힘들겠지만 수연은 보혜에게 아무것도 강요할 수가 없어요.

수연이 할 수 있는 일은 나중에 보혜와 연락이 될 때 따뜻하게 맞을 준비를 하면서 우정의 문을 열어 두는 거예요.

다른 친구들과 어울리기

수연은 보혜와 어떤 일이 있든 다른 친구들과 연락해 보면 좋아요. 전에 즐겁게 지냈던 친구는 누가 있을까요? 그 친구들은 함께 대화하거나 모일 마음이 있을 수도 있으니까요.

친구의 범위가 넓으면 넓을수록 더 재미있게 보낼 수 있고, 둘만 어울리는 친구 관계에 대한 부담을 덜 수 있어요.

당혹감

3

주목받는 게 겁나요

나 말고! 난 아니길! 제발 안 돼!

자기가 그린 그림을 친구들과 함께 볼 사람?

대호야, 네 그림을 함께 볼까? 와, 그림자 표현 방식이 인상적이구나! 모두 대호 그림 좀 보렴!

윽! 모두가 날 쳐다보고 있어. 땅속으로 사라져 버렸으면 좋겠어.

선생님의 의견은 매우 긍정적이에요. 선생님은 대호의 그림에 감탄하지만, 대호는 이 경험에서 긍정적인 느낌을 받지 않아요. 반대로 주목에 당혹스러워하죠. 당혹감은 다른 사람이 여러분을 알아차리는 상황을 불편하게 느끼는 것을 말해요.

> 잠깐, 대호는 왜 주목받는 게 싫을까? 난 사람들이 내 수염에 감탄하며 쳐다볼 때 너무 좋은데.

> 멍이 너, 고대 이집트에서 고양이 신을 숭배한 거 알아?

대호는 이런 관심에 겁이 나요. 주목받는 것을 위험하거나 감당하기 어려운 일로 보는데, 그 감정을 다룰 줄 모르기 때문이에요. 또 대호는 반 친구가 자신을 부정적으로 판단할까 봐 걱정할 수도 있어요.

여러분이 보기에는 선생님이 대호를 기분 나쁘게 하려고 일부러 그런 것 같나요? 절대 아니죠! 분명 선생님은 대호가 얼마나 잘하고 있는지 인정해 주면서 격려하고 싶었을 거예요. 하지만 대호는 선생님의 그런 관심이 너무 불편해요.

> 그럼, 한두 번 들었어야지. 네가 첫 번은 말했을걸.

선생님에게 칭찬을 받아
당혹스러운 대호

사건

선생님이 대호를
칭찬한다.

생각

사람들이 날 주목하면
날 멋지지 않다고 생각할 수도
있어. 안 좋은 일이야.

반응

반 친구는 대호가 가벼운
칭찬에 과하게 반응한다는
걸 알아챈다.

행동

웅크리고 앉아서 불편한
표정을 지으며 아무
대답도 하지 않는다.

감정

불안, 당혹감

대호 밖

대호 안

대호의 감정 고리는 선생님에게 칭찬받는 사건에서 시작해요.

대호는 주목받는 걸 안 좋게 여겨요. 사람들이 대호를 멍청하거나

멋지지 않다고 여길 수도 있다고 생각하기 때문이에요.

그래서 주목받는 것을 불안해하고 당혹스러워하면서

숨으려고 하죠(행동). 대호는 어색하게 웅크리고 앉아서

불편한 표정을 지으며 아무 말도 하지 않아요.

하지만 이런 행동이 대호를 더 눈에 띄게 해요.

선생님의 작은 칭찬이 대호에게는 매우 불편한

일이라는 것을 분명히 드러내기 때문이에요.

아마 다른 친구도 이런 사실을 알아챘을 거예요.

그리고 그런 행동을 하는 이유가 궁금해서 대호를

더 쳐다보겠죠(반응).

대호는 다른 친구의 반응을 보고 자기 생각이 맞았다고 확신해요.

또 그런 생각 때문에 더 불안하고 당혹스러워요.

여러분도 대호처럼 당혹감을 느낀 적이 있나요?

관심의 의도 생각하기

의도는 누군가가 무엇을 하고자 하는 생각이에요. 선생님은 대호가 잘 하고 있는 일에 관심을 보이면서 도움이 되는 말과 격려("그대로 계속해!") 를 해 주고 싶어 해요. 아마도 반 학생이 대호를 모범으로 삼아 배우기를 바라겠죠.

만일 대호가 선생님이 지목한 이유(의도)를 생각해 본다면 당혹감이 덜할 수 있어요. 보통 선생님은 '잘못을 잡아내기' 위해서 학생에게 뭔가 를 시키지는 않아요. 모든 학생이 가르치는 내용을 이해했는지 확인하기 위해서 그렇게 하죠. 만일 여러분이 정답을 맞히면, 선생님은 다음으로 넘어가요. 하지만 틀려도 괜찮아요. 같은 반 다른 학생도 여러분처럼 헷 갈릴 수 있거든요.

여러분이 모르는 비밀을 한 가지 알려 줄게요. 학생은 대부분 정답을 맞혀야 한다고 생각하지만, 사실 선생님은 학생이 잘 모르는 것을 이해 하도록 돕는 일을 매우 좋아해요. 만일 여 러분이 틀리면 선생님은 '오예, 내가 가르 쳐 줄 수 있겠군! 그게 바로 내가 여기 있 는 이유지.'라고 생각한답니다.

> 학생은 정답을 맞혀야 한다고 생각하지만, 사실 선생님은 학생을 돕는 걸 매우 좋아해요.

듣는 사람 파악하기

많은 학생이 수업 시간에 선생님에게 이름이 불리는 것을 두려워해요. 모두가 자신을 처다보고 있고, 판단한다는 생각이 들어서 불편하고 **자의식**이 강해지기 때문이죠. 자의식이란 여러분 행동 중에 잘못될 가능성이 있거나 완벽하지 않은 자기 모습을 불편하게 생각하는 거예요.

여러분은 수업 시간에 다른 친구 이름이 불리면 어떤 생각이 드나요? '아! 지금이 바로 이 친구가 얼마나 잘 알고 있는지 판단할 시간이야.', '똑똑한 앤지 아닌지 결정할 기회군!' 절대 이렇게 생각하지는 않아요. 보통 반 친구가 하는 말에는 별로 관심이 없거나, '내 이름이 불리지 않아서 다행이야.'라고 안도해요. 간혹 반 친구가 여러분에게 도움이 될 만한 말을 하면 집중하겠죠. 반 친구들도 아마 여러분 이름이 불리면 같은 생각을 할 거예요.

물에 익숙해지려면 물속에 머물기

불행히도 다른 아이가 여러분을 판단하지 않는다고 스스로에게 말해 주는 것만으로는 주목을 받아서 생기는 불편함을 없애기는 힘들 수 있어요. 여러분 스스로 주목받는 것이 위험하지 않음을 증명해야 해요.

주목받는 일에 익숙해지는 것은 수영하러 가서 물에 익숙해지는 것과

같아요. 수영장에 뛰어든 직후에 일어나는 일을 생각해 보세요. 보통은 '앗! 물이 너무 차가워!'라고 생각해요. 하지만 물속에 있다 보면 어떻게 될까요? 물의 온도가 변할까요? 아니요! 물에 대한 우리 인식이 변해요. 시간이 지나면 물 온도에 익숙해져서 더는 차갑게 느껴지지 않아요.

　　물에 바로 뛰어들든 아주 조금씩 다가가든 어느 쪽이든 괜찮아요. 이 것만 꼭 기억하세요! **물에 들어가지 않고는 물에 익숙해질 수 없어요.** 아무 리 수영장 가장자리에 오래 서 있어도 물에 익숙해질 수는 없답니다. 그 러니 아무리 주목을 피하려고 노력해도 그 상황에 익숙해지는 데는 도움 이 되지 않아요.

이렇게 한번 해 보세요. 수업 시간마다 한 번씩 손을 들고 선생님에게 질문하거나 대답한다는 목표를 세워 봐요. 여러분이 먼저 손을 들면, 언제 주목받을지 스스로 정할 수 있어서 덜 두렵거든요.

하지만 그것보다 더 중요한 이유가 있어요. 여러분 이름이 40번째 불린다면 과연 어떤 느낌이 들까요? 시간이 좀 걸릴 수도 있겠지만, 수업 시간에 말하기 연습을 많이 하면 할수록 그 일은 더 쉬워져요. 답을 맞히든 틀리든, 질문이 훌륭하든 평범하든 기초적이든 상관없어요. 계속 말하다 보면 시간이 지나면서 쉬워지고 주목받는 일이 편안해져요. 그러면 당혹감도 덜해요.

여러분은 주목받는 게 정말 싫을 수 있지만, 자꾸 하다 보면 주목받는 것을 다룰 수 있음을 스스로 증명해 낼 수 있어요.

칭찬에 정중하게 대답하기

선생님은 대호의 실수를 지적하는 게 아니라 칭찬하고 있어요! 하지만 대호는 어떻게 반응해야 할지 모르기 때문에 원하지 않는 주목에 당혹스러워해요. 이런 상황을 해결할 수 있는 쉬운 방법이 있어요. 누군가 여러분을 칭찬하면, 그냥 "감사합니다."라고 말해 보세요. 뭔가 설명하거나 지나치게 자신을 낮출 필요 없어요. 그저 "감사합니다."라고 대답하면 돼요.

칭찬받았을 때 할 수 있는 두 가지 대답의 차이점을 살펴볼게요.

 그 스웨터 예쁘다!

 뭐, 이 오래된 게? 아주 오래 입었는데. 사실 언니한테 물려받은 거야. 아랫단도 다 늘어졌고 싸구려 옷인데.

그 스웨터 예쁘다!

정말? 고마워!

각 상황에서 칭찬하는 사람의 기분은 어떨까요?

첫 번째 대화에서 칭찬한 사람은 반박하는 대답을 들어서 불편했을 거예요. 약간 무시당하는 느낌을 받았을 수 있고요. 그저 스웨터를 칭찬하고 싶었을 뿐인데, 스웨터가 예쁘지 않은 이유를 길게 들었으니까요. 그렇다고 칭찬받은 사람이 상대방에게 못되게 굴려고 일부러 그런 대답을 한 건 아니에요. 그저 주목받는 것이 당혹스러웠거나 겸손하게 대답하려고 노력했겠죠. 그래도 결국은 칭찬하는 사람의 안목이 별로라고 말한 셈이 되었어요! 이런 대화는 서로에게 유쾌하지 않아요.

두 번째 대화에서 칭찬받은 사람은 재빨리 감사 인사를 하고 다음으로 넘어가요. 이때는 칭찬한 사람도 기분이 좋아요.

칭찬은 작은 선물과도 같아요. 우리가 누군가에게 선물할 때는 받은 사람이 맘에 들어 하고 고맙다고 말해 주길 바라죠. 칭찬받은 친구가 원한다면 고맙다는 말과 함께 "네 옷도 멋져." 같은 칭찬을 해 줄 수도 있어요. 그럼 칭찬한 친구는 답례로 선물을 받은 것 같겠죠. 하지만 그렇게까지 할 필요는 없어요. 그저 "고마워."라는 한마디면 충분해요.

다른 사람 앞에서 한 실수에 대처하기

누구나 많은 사람이 보는 앞에서 실수하면 당혹스러워요. 여러분도 서두르다가 넘어지거나, 날렵하지 못해서 누군가와 부딪치거나, 무언가를 떨어뜨려 엉망진창으로 만들거나, 옷을 뒤집어 입는 경험은 한 번쯤 있을 거예요. 이런 실수는 누군가를 다치게 하지 않지만, 다른 사람이 본다면 당혹스러워요. 잘 보이고 싶은 사람 앞이라면 특히 더 당혹스럽죠.

실수는 모두가 할 수 있다는 점을 명심하세요. 그러니 다른 사람 앞에서 실수한다면, 그냥 "앗!" 또는 "헉!"이라고 말하세요. 이런 말은 잘못의 인정은 물론이고 고의가 아니었음을 드러내는 표현이니까요. 그리고 실수를 바로잡기 위해 할 수 있는 일을 하세요. 혹시 실수한 여러분을 도와주는 사람이 있다면 감사한 마음을 가지세요. 그러고 나서 다음으로 넘어가세요. 여러분이 그 일에 크게 신경 쓰지 않으면 다른 사람도 빨리 지나가요. 실수를 잊고 앞으로 나아가는 데 집중하세요.

실수한 지 꽤 지났는데도 사람들이 여러분 실수에 대해 계속 말하면서 놀린다면 어떻게 해야 할까요? 절대 그 말에 동의하지 말고, 그냥 침착하게 잘못만 인정하면 돼요. 이럴 때 여러분이 할 수 있는 대답 몇 가지를 소개할게요. 단, 약간 무관심한 말투로 말해야 해요.

 응, 그때는 그걸 할 줄 몰랐어.

 맞아, 실수였어.

네 말이 맞아. 다른 방식으로 해야 했어.

다음엔 더 잘 알겠지.

여기에서 주목해야 할 점은 실수는 인정하지만, 자신을 낮추는 말이 아니라는 거예요. 또 놀리는 사람에게 전혀 관심을 보이지 않거나 놀리는 사람이 기대하는 반응을 보이지 않죠. 이렇게 말하면 더는 놀리지 않을 가능성이 커요.

죄책감

4

실수해서 미안하고, 친구들이 날 어떻게 볼지 불안해요

이런, 서현이 일부러 그런 건 아니지만, 어쨌든
친구를 다치게 했어요. 이럴 때 서현이 느끼는 감정은
죄책감이에요. 우리는 뭔가 잘못했다는 걸 알면 죄책감을
느껴요. 죄책감은 매우 불편하지만, 실제로는 건강한
감정일 수 있어요. 우리가 길을 잘못 들었을 때 다른
방향으로 가야 한다는 것을 깨닫게 도와주거든요.

서현이 불쌍해서
어떡해. 난 뭔가
잘못했을 때 드는
죄책감이 싫어!

죄책감인지 죄책감보다
난 쥐에 관심이 많아. 대왕쥐,
생쥐, 흰쥐, 검은쥐 등등 말이야.
치즈를 물고 있는 쥐를 만나면
얼마나 행복할까?

죄책감은 사람들이 서로 잘 지내는 데
도움이 돼요. 사람들이 누군가에게 상처를
주고도 전혀 이상하게 느끼지 않는다고
상상해 보세요. 모두가 아무렇지 않게
서로에게 상처를 주지 않을까요?

그렇다고 모든 잘못에 대해 항상 죄책감을
느끼는 것은 도움이 되지 않아요.
서현은 자신이 다치게 한 아이와 화해하는
방법을 찾아보고, 실수를 잊고 죄책감에서
벗어나야 해요.

음… 지금 여기서는
그 말이 아닌 것
같은데.

실수해서 죄책감에
시달리는 서현

사건

서현이 던진 공에
아이가 맞았고, 일부러 그랬다는
비난을 받았다.

생각

난 끔찍한 일을 저질렀어.
내 실수는 용서받을 수 없어.
이제 모두 나를 싫어해.
나는 세상에서 가장 나쁜 아이야!

반응

여러 아이들이
반박하며 비난한다.

행동

서현은 간단히 자신을
변호한다.

감정

죄책감, 불안,
수치심

서현 밖

서현 안

서현의 감정 고리는 실수로 던진 공이 다른 아이 얼굴에 맞았고,
일부러 그랬다는 비난을 받으면서 시작돼요(사건). 서현은 곧장
자신이 끔찍한 일을 저질렀고, 모두 자신을 싫어하며, 이런 실수는
용서받을 수 없다고 생각하기 시작해요. 서현은 죄책감을 느끼며,
다른 아이들이 할 행동이나 말에 대해 걱정하죠.

여기서 서현이 느끼는 또 다른 감정이 있는데, 바로 수치심이에요.
죄책감은 여러분이 한 일 때문에 기분이 안 좋은 감정이지만, 수치심은
여러분 자신이 나쁜 사람이라고 생각하기 때문에 기분이 안 좋은
감정이에요. 죄책감과 마찬가지로 수치심도 우리가 무언가를 바꿔야
한다는 감정적 경고 신호지만, 수치심은 죄책감만큼 쓸모 있지는 않아요.
우리를 꼼짝 못 하게 만들 수 있거든요. 스스로 매우 나쁘다고 생각하면
앞으로 나아갈 길을 찾기 힘들어요!

서현은 간단하게 자신을 변호하려고 시도하지만(행동), 도움이 안 됐어요.
다른 아이들이 계속 반박하며 비난하죠(반응). 불쌍한 서현은 이런 관계를
바로잡는 방법을 몰라 자신이 용서받을 수 없는 실수를 저질렀다고 믿고,
더욱더 죄책감과 수치심을 느껴요. 이런 생각은 그 누구에게도 도움이 안 돼요.

누군가에게 상처 줬을 때
하지 말아야 할 말과 해야 할 말

누군가에게 상처를 줬다면 실수였다고 해도 사과해야 해요. 이런 행동은 상처받은 사람에게 마음을 쓰고 있고, 그 일을 후회한다는 뜻을 전하는 방법이니까요. 사과는 죄책감을 줄이는 데도 도움이 될 수 있어요. 하지만 많은 사람들이 제대로 사과하는 것을 어려워해요.

보통 죄책감이 들 때 흔하게 하는 반응이지만, 도움이 안 되는 몇 가지를 살펴봐요.

NO 잘못을 부인하거나 변명하기

✦ 무슨 소리야? 개한테 던진 게 아니라고!

✦ 그건 내 잘못이 아니야. 바람 때문에 공이 얼굴 쪽으로 날아갔을 뿐이야.

어떤 잘못을 하면 그것을 부인하고, 안 했다고 말하고 싶은 유혹이 생겨요. 하지만 인정하지 않고 변명하는 것은 상처받은 사람의 기분을 다독이는 데 도움이 되지 않아요. 상처받은 사람을 더 화나게 할 뿐이에요.

잘못을 인정하는 일은 어렵지만, 이런 태도는 실수를 극복하는 가장 좋은 방법이에요. 잘못의 여부와 이유를 놓고 논쟁하는 대신 자기가 한 일을 인정하고 앞으로 상황을 개선할 방법에 집중하세요. 이것이 바로 **자기 행동에 책임을 지는** 거예요. 어른들은 아이들이 자기 행동에 책임을 지려고 할 때 흐뭇해해요. 물론 친구들도 그렇게 하면 고마워하죠.

YES 진심 어린 사과하기

✦ 아, 공을 맞게 해서 미안해! 내가 잘못 던졌어. 던질 때 좀 더 조심했어야 했는데.

이 말에서 서현은 진심 어린 사과를 하고 있어요. '~해서 미안해.'라는 말을 한 뒤, 자신이 한 일에 대해 후회한다고 말하죠. 이유를 말하지 않고 그저 "미안해."라고 하는 것은 큰 효과가 없어요. 여러분이 후회하는 일에 대해 명확하고 구체적인 사과를 함으로써 상대방에게 여러분의 진심을 전하세요.

"미안해, 하지만…."이라는 표현은 좋은 방법이 아니에요. 상대방은 '하지만' 뒤에 오는 내용에만 집중하고, 그렇게 되면 '미안해'라는 사과는 사라지거든요.

여기서 서현이 잘한 점이 또 있어요. 이미 한 일보다 해야 했던 일에 대해 말한 점이에요. 이런 표현은 자기 잘못을 알았고 앞으로 더 잘하고 싶다는 뜻을 드러내거든요.

다음은 누군가에게 상처를 주었을 때 하면 안 되는 반응이에요.

NO 다른 사람 비난하기

✦ 내 잘못이 아니야! 내가 공을 던진 곳으로 쟤가 움직였다고. 쟤가 더 조심했어야 해.

✦ 현민이가 나랑 부딪혀서 그래. 공이 그쪽으로 간 건 현민이 잘못이라고!

✦ 애들이 나한테 갑자기 몰려와서 그래. 그리고 쟤도 공으로 다른 사람을 때렸다고!

오, 이런! 물론 죄책감을 느끼면 불편해요. 서현이 눈에 띄는 모든 사람을 비난함으로써 자기에게 쏠린 관심을 다른 사람에게 돌리고 싶어 하는 건 충분히 이해가 가요. 하지만 다른 사람을 비난하는 것은 상처받은 사람의 기분을 다독이는 데 전혀 도움이 되지 않아요. 또 서현이 비난하는 모든 사람이 서현에게 화를 낼 수도 있고요.

YES 도우려고 노력하기

✦ 보건실에 데려다줄까?

✦ 부축해 줄까?

✦ 얼음 좀 가져다줄까?

서현은 상황을 개선하려고 노력해요. 사과한 뒤 다친 사람에게 무엇이 필요한지 생각해 보면 좋아요. 이것은 친절한 행동이에요. 서현은 다친 친구를 도울 수 있는 세 가지 의견을 말했어요. 다친 친구는 그렇게 해 주길 바랄 수도 있고, 아닐 수도 있어요. 하지만 그런 의견을 말하는 게 중요해요. 서현이 염려하고 있음을 보여 주는 행동이니까요.

NO 자기 감정에 대해 호들갑 떨기

+ 미안해! 잘못했어! 정말 미안해!

+ 내가 어쩌다 그런 끔찍한 일을 저질렀을까?

+ 나 기분이 안 좋아.

+ 나는 끔찍한 사람이야. 학교에서 쫓겨나 마땅해!

서현의 이런 말은 상처받은 친구보다 자신에게만 집중되어 있어요. 서현은 '나'라는 말을 몇 번이나 했나요? '너'라는 말은 몇 번 했나요? 그게 상대의 기분을 어떻게 만들까요? 아마도 서현은 상처받은 상대의 감정을 중요하게 여기지 않는 듯해요. 서현은 여러 번 사과하지만, 상처받은 상대방을 염려하는 표현은 하지 않아요.

사과는 두 번까지만 하세요. 첫 번째 "미안해."라는 말은 상대에게 상처 준 걸 후회한다는 뜻이에요. 두 번째 사과는 진심으로 사과를 전하는 방법이 될 수 있어요. 하지만 그 이상 사과하면 상처받은 사람이 아니라 자신에게로 관심을 돌리게 돼요. 여러분이 계속 사과하고 자기 감정을 이야기하면 상처받은 사람이 오히려 여러분을 위로해야 한다고 느낄 수 있거든요. 뭔가 상황이 뒤바뀌는 거죠. 사과의 목적은, 상대방의 감정에 마음을 쓰고 있음을 보여 줌으로써 기분이 나아지도록 돕는 거예요.

YES 상처받은 사람에게 초점 맞추기

✦ 아이고, 너무 아팠을 텐데! 정말 미안해. 내가 뭘 좀 도와줄까?

훨씬 나은 반응이에요. 서현이 상처받은 친구의 요구 사항과 그 친구를 돕기 위해 할 수 있는 일에 초점을 맞추고 있으니까요. 죄책감에 대처하기 위해 상황을 바로잡거나 최소한 더 나은 방향으로 나아가기 위해 할 수 있는 일을 하세요.

자신을 용서하면서 죄책감에서 벗어나기

이미 사과했는데도 여전히 죄책감이 든다면 어떻게 해야 할까요? 어렵겠지만, 죄책감에서 벗어나 자신을 용서하는 일도 매우 중요해요. 죄책감은 여러분이 실수했다는 것을 알려 주는 유용한 신호이지만, 죄책감에 갇혀 있으면 아무에게도 도움이 되지 않아요. 물론 자신에게도 불친절한 태도죠.

실수에 집착하다 보면 실수가 실제보다 더 커 보여요. 실수만 곱씹지 말고 실수했을 때의 전체 상황을 살펴 다른 경험과도 비교해 본다면 자신을 용서하기 더 쉬워요. 다음 질문에 답하다 보면 죄책감에서 벗어나는 데 도움이 됩니다.

내가 일부러 했나?

의도가 중요해요. 잊지 마세요. 의도는 누군가가 무엇을 하고자 했는지에 관한 거예요. 의도치 않게 다른 사람에게 상처를 준 경우는 고의로 누군가를 다치게 하려는 목적이 있는 경우와는 매우 달라요. 사고로, 상대방이 화낼 줄 몰라서, 발끈해서 비난하긴 했지만, 했던 말이 진심이 아닐 때처럼 상대방에게 상처를 주려는 의도가 없어요. 우연히 그런 상황이 되어 버렸죠. 맞아요. 상대방을 화나게 했지만, 그건 실수였어요. 그리고 누구나 실수는 할 수 있답니다.

얼마나 나쁜 일인가?

여러분이 한 실수가 인생을 바꿀 만한 실수였나요? 지금부터 일주일, 한 달 또는 1년 후에도 그 일이 그렇게 중요할까요? 아마도 아닐 거예요. 그렇다고 똑같은 실수를 계속 반복해도 된다는 뜻은 아니에요. 하지만 작은 실수에 지나친 죄책감을 느끼지는 마세요.

나만 이런 실수를 저질렀나?

실수는 누구나 해요. 실수는 인간의 일부이기도 하니까요. 누구나 때때로 부주의하기도 하고 경솔하기도 해요. 그러다 보니 다른 사람의 감정을 상하게 하는 말이나 행동을 하죠. 수많은 사람이 저지르는 실수를 여러분도 한 것이라면, 여러분이 인간적임을 받아들이고 극복해 나아갈 수 있어요.

그 일을 바로잡기 위해 무엇을 했나?

뭔가 잘못했다면 상황을 바로잡을 수 있는 일을 해야 해요. 여러분이 상처를 준 사람에게 사과하고 화해하려고 노력했다면, 이제 과거의 생각을 버려야 할 때예요. 과거는 과거일 뿐이에요. 이미 여러분은 실수를 바로잡기 위해 최선을 다했어요.

이제 어떻게 달라질 수 있을까?

가장 중요한 질문이에요. 대체로 사람들은 끊임없이 무언가를 배워 나가요. 안타깝지만 때로는 잘못한 일을 통해서 배우기도 해요. 그러니까 여러분이 한 실수가 얼마나 나쁜지, 또는 여러분이 얼마나 나쁜 사람인지에 몰두하지 마세요! 그건 도움이 안 돼요. 대신 지금부터 어떻게 달라질 수 있을지 생각해 보세요.

똑같은 실수를 안 하려면 무엇을 할 수 있을까요? 똑같은 상황과 또 맞닥뜨리면 어떻게 다르게 대응할 수 있을까요? 상황을 좋은 쪽으로 이

끌기 위해 지금 무엇을 할 수 있을까요? 계획이 있으면 실수에 대한 죄책 감을 떨쳐 버릴 수 있어요.

부드러운 눈으로 자신을 바라보는 법을 배우면, 과거의 실수에서 벗어날 수 있어요. 또 여러분이 실수를 저지른 친구를 용서한다면, 다른 사람도 여 러분을 용서할 가능성이 커져요. 꼭 그렇지 않더라도 여러분은 자기 자 신을 용서하는 법을 배우게 됩니다. 죄책감에 갇혀 있는 것은 아무에게 도 도움이 되지 않아요.

불안의 반대는 설렘, 호기심, 재미예요

친구에 대한 불안은 '~면 어쩌지' 하는 걱정에서 비롯해요. 불안은 우리가 조심하도록 해서 위험을 피할 수 있게 도와주죠. 반대로 우리를 계속 꼼짝 못 하게 만들 수도 있어요.

앞에서 만나 본 지민, 수연, 대호, 서현은 각각 남의 반응에 대한 두려움을 안고 있었어요. 그 친구들은 불안을 해소하기 위해 나름대로 행동을 했는데, 그 결과 더 불안하거나 관계를 해치거나 혹은 둘 다였어요.

불안을 줄이려면 생각과 행동을 바꿔야 해요. 지민은 두렵지만 생일 파티에 가야 해요. 수연은 걱정되지만 친구를 믿어야 하고요. 대호는 긴장되지만 계속 연습함으로써 주목받는 데 익숙해져야 해요. 서현은 죄책감이 들지만 상처받은 아이에게 진심으로 사과하고, 자신에게 친절하게 대하며 앞으로 나아가야 하죠. 용기란 겁이 나도 무언가를 하는 거예요.

불안한 감정을 줄이는 또 다른 방법이 있어요. 바로 **반대 감정**에 집중하는 거예요. 불안의 반대는 지루한 평온이 아니에요. 설렘과 호기심, 재미와 같은 감정이에요. 모두 행복한 모습이죠. **행복**이란 긍정적이고 즐거운 감정 상태를 말해요. **설렘**은 무언가를 매우 기대할 때 흥이 이는 감정이에요. 그럴 때 마음이 초조할 수 있지만, 설렘은 신나는 초조함이에요. **호기심**은 궁금하고 뭔가를 발견하고 싶을 때 드는 감정이에요. **재미**는 우스꽝스럽고 쾌활하며 즐거운 느낌이고요.

무언가를 시작할 때는 긴장했는데, 설렘과 호기심이 생기면서 결국 해낸 경험이 있나요? 마음이 불안했는데 갑자기 친구가 엉뚱한 말이나 행동을 해서 함께 웃었던 적은요? 불안한 마음이 들 때 자기 안에서 반대 감정을 찾으려는 것은 여러분이 이 세상에서 어떤 모습으로 살고 싶은지를 선택하는 것과 같아요. 겁이 나더라도 반대 감정을 찾으면 하고 싶은 일을 할 수 있는 힘이 생겨요. 불안한 감정을 다루기 위해 어떤 마음가짐으로 반대 감정을 끌어내는지 살펴볼게요.

새로운 일에 도전하는 **설렘**

난 체조를 할 수 있어서 설레. 살짝 겁도 나고. 여기에는 아는 사람도 없고 내가 제일 못할 수도 있거든. 그래도 난 늘 재주넘는 방법을 배우고 싶었어!

처음 만나는 친구에 대한 호기심

난 새로운 아이를 놀이 모임에 초대할 거야! 잘 모르는 사이라서 긴장되지만, 친절해 보여서 알아 가고 싶어. 아마도 우리는 좋은 친구가 되겠지.

두려움 대신 친구에게서 찾은 재미

난 친구 집에서 하룻밤 잤어. 평소에는 깜깜한 곳이랑 집에서 멀리 떨어지는 걸 겁내는 편이야. 하지만 우리는 많이 웃었고, 정말 즐겁게 보냈어! 친구 집에 다녀와서 정말 좋아.

무엇을 배우거나 시도하거나 경험하고 싶다면 당장 해 보세요! 도전하세요! 여러분을 막는 불안보다 앞으로 끌어당기는 호기심과 설렘에 집중하세요.

모든 잘못될 수 있는 상황을 상상하는 대신, 원하는 것에 가까워질 수 있다고 생각하세요. 머릿속에서 불안의 목소리보다 그 반대 감정의 목소리를 더 크게 내 보세요. 이 세상에는 탐험할 곳이 많아요. 그리고 불안에 사로잡히지 않을 때 친구와 할 수 있는 즐거운 일도 엄청 많답니다!

> 잘못될 수 있는 상황을 상상하는 대신 원하는 것을 생각하세요.

불안을 꼭 안아 봐요!

친구에 대한 불안한 감정을 다루는 데 도움이 되는 질문이에요. 곰곰 생각해 질문에 답하며 여러분 안의 불안과 걱정을 잠재울 반대 감정에 집중해 보세요. 여러분 곁에 있는 다양한 행복과 만날 수 있어요.

✦ 왜 우리는 종종 아는 사람이 없는 행사나 활동에 나갈 때 불안할까요? 그런 친구들에게 어떤 도움말을 해 줄 수 있을까요?

✦ 모르는 사람과 이야기를 나누다가 결국 친구가 된 적이 있나요? 어떻게 그렇게 되었나요?

✦ 걱정했지만 실제로 생기지 않은 친구 문제는 무엇인가요? 걱정이 문제를 막는 데 도움이 되었나요, 아니면 기분만 상했나요?

✦ 다른 아이들 앞에서 당혹스러웠던 적이 있나요? 그때 무슨 일이 있었나요? 당혹감은 얼마나 오래갔나요? 그때 그 일을 지금 기억하는 사람이 있다고 생각하나요?

✦ 친구나 다른 아이들과 함께해 보고 싶지만 시도하기 두려운 활동이 있나요? 할 수 있다는 자신감을 키우기 위해 할 수 있는 첫 번째 단계는 무엇일까요?

✦ 죄책감이 들 만큼 친구에게 큰 실수를 한 적이 있나요? 그 죄책감을 어떻게 털어 버렸나요?

✦ 친구의 실수로 크게 상처받은 적이 있나요? 그 실수로 우정이 끝났나요, 아니면 계속 이어나갈 수 있었나요? 친구의 어떤 행동이 친구로 지내는 것을 더 어렵게, 또는 더 쉽게 만들었나요?

고양이는 화를 아주 잘 다스려. 우리는 타고난 포식자거든. 야옹! 덤벼들고, 쉭쉭거리고, 문지르고, 물고….

그럼 문제가 해결되지.

고양이가 친구면 별로 도움이 안 될 것 같은데.

화는 하고 싶은 일이 막히거나 부당한 대우를 받고
있다고 여길 때 드는 감정이에요. 내가 좋아하지
않는 일을 친구가 하거나 내게 상처를 주면
친구에게 화가 나요.

친구에
대한
화

2부

때때로 여러분은 화내는 게 나쁘다고 생각할 수 있어요. 물론 화가
무섭고 파괴적인 방식으로 나타날 수 있지만, 그것은 감정이 아니라
행동이 무섭고 폭력적인 거예요. 감정은 전혀 위험하지 않아요.

화는 실제로 유용한 신호예요. 우리에게 "이건 옳지
않아!"라고 말해 주거든요. 화는 자신을 지킬 힘이나
어려운 상황을 극복할 힘을 주기도 해요.

재범은 자기가 열심히 해 놓은 것을 친구가 망쳤다며 분노해요. 분노는 화의 강렬한 형태예요. 분노할 때는 화가 나서 폭발할 것 같은 느낌이 들 수 있어요. 사람들은 분노를 느낄 때 종종 후회할 행동을 하기도 해요.

재범과 지훈이 개라면 분명 으르렁거리며 싸우겠지?

재범의 상황에서는 누구든지 화가 날 거예요! 그렇다고 화를 내면 무슨 일이 벌어질까요? 재범은 곧바로 "야, 내 성을 부쉈잖아!"라며 소리를 질렀어요. 문제가 생겼을 때 바로 문제에 대해 차분히 이야기하는 것이 좋아요. 하지만 재범과 지훈은 누가 속였는지를 놓고 크게 싸웠고, 결국 재범은 지훈의 컨트롤러를 던져 버려요. 이런 반응은 도움이 안 돼요.

그렇지. 소리를 크게 내는 개가 이기잖아. 물건 던지지 말고 으르렁거리면 금방 끝날 텐데.

가끔 친구에게 화내는 이유는 뭔가 불공평하다는 느낌을 받기 때문이에요. 재범은 지훈이 자기 성을 부순 행동이 불공평하다고 생각해요. 그래서 지훈의 컨트롤러를 부숴도 괜찮다고 생각했어요. 하지만 지훈을 벌하거나 어떤 벌을 받을지 정하는 것은 재범이 할 일이 아니에요. 그 누구도 재범을 판사로 뽑지 않았거든요.

앗, 그건 좀. 걔들은 개가 아닌데…

비디오 게임을 하다
지훈에게 화가 난 재범

사건

지훈이 재범의
성을 부순다.

생각

지훈이는 일부러 그랬어.
걔는 날 속이려고 해!

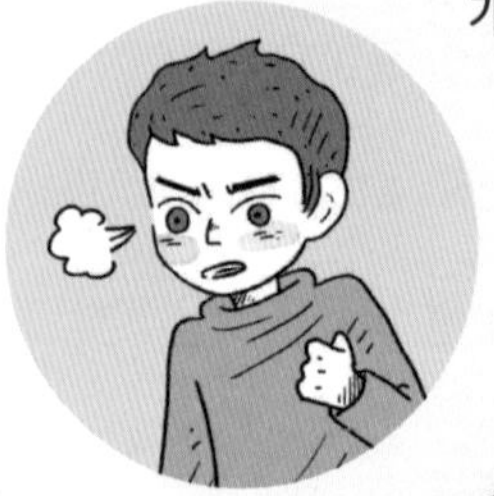

반응

지훈도 소리를 지른다.
그리고 더는 재범과
친구로 지내고
싶지 않을 수도 있다.

행동

재범은 소리치고,
비난하고, 컨트롤러를
부수고 떠난다.

감정

분노, 부당함,
상처받음

재범 밖

재범 안

84

재범의 감정 고리는 지훈이 비디오 게임에서 재범의 성을 부순 사건에서
시작해요. 재범은 지훈이 게임에서 속임수를 쓰려고 일부러 그랬다고
생각하죠. 그래서 재범은 분노해요. 게다가 부당하다는 느낌을 받아요.
뭔가 불공평해서 화가 나죠. 또 재범은 친구가 성을 부숴서 상처받았을
수도 있어요. 종종 사람들은 화가 날 때 상처받았다고 느끼거든요.

재범은 지훈에게 나쁜 행동을 함으로써 자신의 감정에 반응해요.
이런 행동은 지훈의 더 나쁜 행동으로 이어질 가능성이 크고,
재범은 더 화를 낼 거예요. 두 소년은 '악화'를 경험하고 있어요.
악화란 상황이 점점 더 나빠짐을 뜻해요. 속상한 감정은 언덕에서
굴러 내려오는 눈덩이가 점점 커지듯 불어날 수 있어요.
이 경우 재범과 지훈의 행동은 말다툼을 악화시켜요.

혹시 '악을 악으로 갚지 말라.'라는 말을 들어 봤나요? 누군가가 먼저
악한 일을 했다고 해서 상대에게 악한 일을 하는 것은 옳지 않다는
뜻이에요. 악한 일을 하는 것은 전에 무슨 일이 있었는지와 상관없이
나쁜 일이니까요.

물러나서 폭풍이 가라앉을 때까지 기다리기

분노할 때 좋은 결정을 내리는 경우는 매우 드물어요. 또 남이 우리에게 해를 끼쳤던 방식으로 그들을 비난하고 상처 주고 싶은 마음이 강하게 들죠. 이런 행동은 문제를 해결하기보다 오히려 갈등을 키우고 우정을 깨뜨릴 수 있어요. 재범이 컨트롤러를 **던지기 전**에 게임을 그만두고 자리를 피했다면 좋았을 거예요. 하지만 비난하고 폭력적인 행동을 보이는 바람에 어쩌면 지훈은 재범과 더는 친구로 지내지 않겠다고 마음먹을 수도 있어요. 물론 서로 화가 난 상황에서 그런 결정을 내려서는 안 되겠죠.

만일 재범이 "네가 내 성을 부숴서 난 너무 화났어! 지금은 그만해야 할 것 같아."라고 말했다면 어떨까요? 화나기 시작한다는 느낌이 들면, 가능한 한 빨리 그 자리를 피해야 해요. 그렇게 하면 마음을 진정하고 다음에 어떻게 할지에 대해 생각할 여유가 생겨요.

매우 강렬한 감정은 폭풍과도 같아요. 얼마 동안 번개가 번쩍이고 요란한 천둥소리와 함께 강한 비와 세찬 바람이 불죠. 그러나 폭풍이 지나가고 나면 모든 것이 진정되고 조용해져요. 재범은 집에 가겠다고 말할 수 있어요. 만일 집에 갈 수 없는 상황이라면, 화장실로 가거나 물을 마시며 그 상황에서 물러나 분노의 폭풍이 지나가게 할 수도 있어요.

몇 가지 진정법 시도하기

분노가 치밀어 참을 수 없는 응급 상황에 해 볼 만한 방법이 있어요. 이 진정법은 간단하면서 매우 효과가 빠른 방법이에요. 하지만 문제를 해결한다기보다 생각할 시간을 갖도록 자신을 진정시키는 데 도움이 되는 방법이랍니다.

- ✦ 길고 천천히 숨 내쉬기
- ✦ 머릿속으로 숫자를 세거나 계산하기
- ✦ 같은 색 물건 혹은 둥근 모양 물건 등 다섯 가지 떠올리기
- ✦ 두 팔로 자신을 살짝 안아 주기
- ✦ 찬물로 세수하기

만일 화나는 상황에서 벗어날 수 있다면, 마음이 진정될 때까지 쉬는 시간을 좀 더 가져 보세요. 책을 읽거나, 밖에 산책하러 나가거나, TV를 보거나, 간식을 먹거나, 친구나 가족과 다른 주제에 관해 이야기를 나눠 보세요.

분명하게 말하지만, 소리를 지르거나 베개를 두드리는 행동으로는 절대 화를 진정시킬 수 없어요. 여러분을 계속 화나게 할 뿐이죠. 화난 사람이 되는 가장 좋은 방법이 화내는 것을 연습하고 또 연습하는 거니까요.

쉬는 동안 분노와 관련 없는 일을 하면서 마음을 쉴 수 있게 해 주세요.

나쁜 행동에 대한 긍정적 이유
혹은 중립적 이유 생각하기

친구도 사람이에요. 이 말은 우리가 좋아하지 않는 일을 친구가 종종 한다는 뜻이에요. 자주 화를 내는 사람은 다른 사람이 일부러 못된 짓을 했다고 생각하는 경향이 있어요. 하지만 실제로 그런 일은 매우 드물어요. 보통 우리가 싫어하는 행동을 친구가 하는 건 단순히 실수거나 오해 때문이에요.

다음은 친구가 한 일 때문에 화난 아이들의 두 가지 반응이에요. 여러분은 친구가 왜 그런 불쾌한 행동을 했는지에 대한 긍정적인 의도가 있는 이유 혹은 중립적인 의도가 있는 이유를 생각해 볼 수 있나요? 여기에서 긍정적인 의도란 그 친구가 좋은 마음으로 하려고 노력했다는 뜻이에요. 중립적인 의도는 그냥 일어난 일 자체를 말하고요. 그 사람이 친절하거나 불친절하게 하려는 의도가 없었고, 그 행동의 원인이 우정과 전혀 관련이 없다는 말이에요.

 쟤가 나랑 똑같은 신발을 샀어! 나를 화나게 하려고 내 스타일을 그대로 따라 하고 있어!

잠깐! 친구의 의도를 너무 빨리 단정하지 마세요. 여러분을 화나게 하려는 것 말고 그 신발을 산 또 다른 이유가 있지 않을까요?

✦ 아마도 내게 그 신발이 있는 줄 모르고 부모님이 사 줬을 거야.

✦ 아마도 상점에서 친구 발에 맞는 유일한 신발이었겠지.

✦ 아마도 친구가 나보다 먼저 신발을 샀을지도 모르지.

이번에는 좀 어려운 상황을 살펴볼게요.

 경수가 일부러 내 비밀을 폭로해서 너무 화나!

자기 비밀이 퍼지는 걸 좋아하는 사람은 아무도 없어요. 하지만 친구가 일부러 기분을 상하게 하려고 그랬다는 이유 외에 가능한 다른 이유를 생각해 보세요.

✦ 아마도 친구는 그 내용이 비밀이라는 사실을 몰랐을 거야.

✦ 아마도 실수로 불쑥 말이 튀어나왔겠지. 그래서 지금 기분이 별로일 거야.

✦ 아마도 비밀을 말한 건 이 친구가 아니었을지 몰라.

친구가 어떤 일을 했을 때 가능한 모든 이유를 상상해 본다면, 나쁜 의도로 그랬다는 짐작이 덜 그럴듯해 보여요. 그러다 보면 분노를 더 쉽게 가라앉힐 수 있죠.

문제에서 내 잘못 생각하기

우리 눈은 늘 밖을 살피기 때문에 다른 사람이 잘못하면 쉽게 알아채요. 그러다 보니 우리가 무엇을 잘못했는지, 어떤 원인을 제공했는지 확인하기가 어려워요. 하지만 우정 관계에서 어려움을 겪을 때 한 사람만의 책임인 경우는 드물어요.

때때로 "그 전에 무슨 일이 있었나? 그리고 그전에는? 그리고 그전에는?"이라는 질문을 통해 사건이 왜 발생했는지 생각해 보면 갈등이나 기분 나쁜 사건에서 여러분이 어떤 역할을 했는지 알 수 있을 거예요. 이 방법은 자신이나 누군가를 비난하기 위한 게 아니에요. 더 나은 관계로 나아가려는 방법을 찾기 위한 노력이죠.

친구의 관점에서 생각하고 사과하기

만일 여러분이 안 좋은 행동을 했다는 걸 깨닫는다면 사과하는 게 옳아요. 진심 어린 사과는 종종 친구와 화해하는 가장 빠른 방법이에요.

재범은 지훈에게 "게임 중간에 규칙을 바꾸고, 컨트롤러를 던져서 너무 미안해. 이제부터는 네 물건을 조심히 다룰게."라고 말할 수 있어요. 또 지훈에게 새 컨트롤러를 줄 수도 있어요.

진심으로 사과하기 위해서는 친구의 관점에서 생각해 봐야 해요. 쉽지는 않지만 여러분이 비슷한 상황에 놓였을 때 어땠는지 생각해 보면 좋아요. 누가 옳은지를 판단하려는 것이 아니라 다른 관점에서 보면 둘 다 옳을 수도 있기 때문이에요.

다음은 친구의 관점에서 이해하려고 노력하는 아이들 이야기예요. 두 아이 모두 친구에게 상처 주려는 의도는 없었어요. 친구의 관점에서 생각해 보고 자신의 행동이 얼마나 상처를 주었는지 깨달았어요.

난 동물을 너무 좋아해. 그래서 그런 별명이 재미있다고 생각했어. 그런데 친구는 내가 캥거루라고 부르니까 안 좋아하네. 사과하고, 다시는 그러지 말아야지.

어제 친구에게 올 수 있는지 전화로 말해 준다는 걸 깜빡했어. 내가 일부러 그런 건 아니지만, 나 때문에 아무것도 못 하고 계속 혼자 앉아 있었대. 미안하다고 말하고 오늘 오후에 친구를 집에 초대해야겠어.

여러분이 누군가에게 사과할 때, 꼭 명심해야 할 점이 있어요. 진심으로 사과하고 실수를 바로잡기 위해 할 수 있는 모든 일을 다 했는데도, 상대가 사과를 받아 주지 않을 수도 있어요. 또 친구가 여러분에게 사과하지 않을 수도 있어요. 여러분이 친구의 반응을 마음대로 할 수는 없어요. 하지만 여러분은 사과함으로써 옳은 일을 했다는 걸 느끼게 됩니다.

문제에 관해 얘기하기 힘들다면 다른 방법 찾기

친구와 갈등이 생겨서 서로 몹시 화가 났다면, 그 상황을 어떻게 헤쳐 나갈지 깊이 생각해 보세요. 문제가 심각하다면 친구와 얘기해 봐도 좋지만, 자칫 오해가 생길 수도 있어요. 그럴 때는 다른 방법을 찾아봐요.

다시 재미있게 놀기

잠시 떨어져서 기분을 가라앉혔다가, 다시 모여서 재미있게 놀아 봐요. 친구와 즐겁게 보내다 보면 서로 좋아하는 것들이 떠오르죠. 재미있게 노는 것은 무슨 문제가 있었든지 간에 서로 용서하고 넘어가겠다는 의지를 보여 주는 행동이에요.

지금부터 행동 바꾸기

문제에서 자기 잘못을 깨달았다면, 비슷한 상황에서 다르게 대처할 방법을 찾을 수 있어요. 소통을 좀 더 잘하거나, 다르게 반응하거나, 좋아하는 친구이니 친구를 있는 그대로 받아들일 수 있겠죠. 때때로 여러분이 행동하는 방식을 바꾸면 친구의 반응도 바뀌고, 우정도 더욱 돈독해져요.

상황 바꾸기

친구와의 힘든 상황을 해결하는 가장 좋은 방법 중 하나는 상황 자체를 바꾸는 거예요. 재범과 지훈이 비디오 게임을 할 때 말다툼한다면, 함께 할 수 있는 다른 놀이를 찾는 게 나을 수도 있어요. 자전거를 타거나 보드 게임을 하거나 전자레인지로 컵케이크를 만들어 볼 수도 있겠죠. 이런 활동은 최악의 상황을 피하면서 함께 즐겁게 보내는 데 도움이 됩니다.

이해하기 쉽게 말하기

여러분이 화나는 문제에 대해 친구와 이야기하기로 했다면, 친구가 이해하기 쉽게 말해 주세요. 솔직하고 친절하게 말하기를 목표로 삼으세요.

 이건 불공평해! 넌 절대 손도 까딱 안 하잖아. 늘 내가 다 하고! 넌 정말 멍청해!

 이건 큰 과제야. 내가 우선 내용을 찾아서 포스터에 적었어. 네가 목요일 전까지 그림을 그려 줄 수 있을까?

첫 번째 친구는 **늘**과 **절대**라는 단정하는 말을 쓰며 비방하는 말까지 해서 듣는 사람을 화나게 하고 있어요. 또 앞으로 어떻게 하자는 제안도 없고요. 이런 말을 들은 상대방은 함께 하고 싶다기보다는 그 자리를 피하고 싶을 뿐이겠죠.

두 번째 친구는 매우 정중해요. 우선 사실을 말하고, 자기 노력을 분명하게 설명하죠. 그러고 나서 솔직하게 도움을 요청해요. 누가 봐도 두 번째 친구가 더 좋은 반응을 얻었을 거예요.

우리는 화가 나면 상대를 비난하고, 얼마나 잘못했는지에만 집중하기가 쉬워요. 하지만 앞으로 나아가려면 원하는 답을 얻을 수 있도록 소통해야 해요. 두 번째 친구처럼 상대방이 과제에 도움을 준다는 보장은 없지만, 상대가 더 쉽게 이해하고 잘 대답할 수 있도록 정중하게 요청하면 된답니다.

우리가 종종 싸우긴 해도, 함께 있으면 정말 즐거워.

그리고 넌 내가 필요할 때 늘 옆에 있어 주잖아. 네가 내 친구라서 좋아.

야옹, 고마워! 나도 네가 내 친구라서 기뻐.

성냄은 특정 사람이나 사물을 향한 일종의 화난 감정이에요. 인희는 주민이 자기가 아닌 현지와 놀았다고 크게 성을 내요. 그러면서 현지에게 질투를 느끼죠.

난 현지가 친구를 훔쳤다니 이해가 안 가. 친구를 들어서 옮기기는 힘들 텐데.

인간은 가능할지도.

친구에 대한 질투는 다른 사람이 자신의 우정에 상처를 내거나 깨뜨릴 수도 있다고 생각할 때 드는 감정이에요. 인희는 현지가 자기 친구인 주민을 훔치고 있다고 믿어요.

친구는 아니고, 난 언젠가 신발을 물어다 침대 밑에 숨긴 적은 있어.

침대 밑은 내 사무실이자 무대인데. 팬레터 답장하는 곳이거든.

아직 오지 않았지만, 팬레터가 오면 바로 답장할 거야.

주민이 현지와 어울려서
속상한 인희

사건

인희의 친구인 주민이
현지와 함께 놀았다.

생각

주민이는 내게 못되게 굴고 있어.
현지가 내 친구를 훔치고 있어!
친구를 잃을지도 몰라.

반응

주민은 인희에게
짜증이 나고,
현지와 더 친하게
지낼 수 있다.

행동

인희는 주민에게 자기 옆에
앉아야 한다고 말하고,
현지와 얼마나 오래 놀았는지
물어볼 계획이다.

감정

화, 상처받음,
질투, 불안

인희 밖

인희 안

98

인희의 감정 고리는 친구 주민이 자기가 아닌 현지와 함께 놀았다는
사건을 알면서 시작돼요. 인희는 주민이 자신에게 못되게 굴고 있고,
현지가 자신의 친구를 훔친다고 생각하죠. 그러면서 인희는 여러 감정을
느껴요. 우선 주민에게 화가 났어요. 그리고 아마도 상처를 받았겠죠.

주민이 다른 친구를 사귀는 것이 자신에게 관심이 없다는
뜻이라고 생각하기 때문이에요. 인희는 현지를 질투하고
주민과의 우정이 끝날까 봐 걱정해요. 그래서 주민을 통제하면서
자신의 불편한 감정을 없애기로 마음먹어요. 인희는 점심시간에
주민에게 말할 계획이에요. 현지 옆이 아니라
자기 옆에 앉아야 한다고요.

또 주민이 현지와 얼마나 오래 놀았는지 물어보고 현지가 자신보다
주민과 더 많은 시간을 보내지 않는다는 것을 확인하고 싶어 해요.
하지만 계획대로 잘되지 않을 거예요. 그러면 인희는 주민이 자신과
멀어지고 현지와 더 가까워지고 있음을 느끼겠죠. 인희의 이런 행동은
결국 주민을 짜증 나게 하고, 주민은 현지와 어울리는 게
낫다고 결정할 수도 있어요.

계속 점수 매기는 일 피하기

인희는 **계속 점수 매기는 사고방식**(Keeping-Score MindSet)을 가지고 있어요. 자신에게 불공평하다고 느끼는 모든 것에 늘 집중하는 사고방식이에요. 계속 점수 매기는 사고방식에는 자기 상황을 남과 계속 비교하는 것도 포함돼요.

삶은 절대 정확하게 공평하지 않아서 이런 사고방식을 가지면 화가 나고 질투도 많이 생겨요. 만일 늘 불공평한 일을 찾는다면 분명 찾을 수는 있어요. 대신 **불공평한 일을 찾다가 좋은 일을 놓치고 말겠죠.** 오로지 벌어지는 상황이 자신에게 어떤 영향을 주는지에만 관심을 쏟는 건 배려심이 없거나 관대하지 못한 태도예요.

우정은 계속 점수를 매기는 사고방식이 필요한 영역이 아니에요. 인희는 마치 주민을 생일 케이크처럼 생각하는 듯해요. 주민을 나누려 하고 누가 더 큰 조각을 가질지를 신경 쓰니까요. 이것은 주민에게 친절한 태도가 아니에요. 그리고 말도 안 되는 일이죠.

만일 여러분이 친구에게 질투를 느끼는 상황에 있다면, 친구의 다른 우정을 기꺼이 받아들이는 것이 너그럽고 배려하는 태도임을 떠올려 주세요. 여러분이 너그럽고 배려심이 많다는 것을 친구에게 보여 주면 우정도 오래 계속되고, 아마도 친구와 더 가까워질 거예요.

마음속 '~해야 한다' 누그러뜨리기

'~해야 한다'는 말은 특히 우정에서는 끔찍한 말이에요. 보통은 화로 이어질 수 있거든요. 물론 여러분은 친구가 무엇을 해야 하고 하지 말아야 할지에 대해 분명한 의견을 가질 수 있어요. 하지만 여러분이 어떤 일을 하는 방식이 친구가 하는 방식보다 낫다고 해서 친구도 꼭 그렇게 해야 하는 건 아니에요. 자신만의 완벽한 세상에 갇힌 아이와 집착하지 않고 열린 세상을 만들어 가는 아이를 살펴볼게요.

 절대 비가 오면 안 돼!

 난 맑은 날씨가 더 좋지만, 비가 와도 집에서 할 수 있는 재미있는 일을 찾을 수 있어.

누구도 날씨를 마음대로 조종할 수는 없어요. 하지만 누가 더 하루를 기분 좋게 보낼까요? 맞아요, 두 번째 아이예요! '~가 더 좋지만'이라는 표현은 하나에 집착하지 않고 다른 계획을 세울 여지를 주거든요.

만일 '~해야 한다'는 생각이 든다면, 마음속으로 '~하는 게 더 좋다'는 말로 바꿔 보세요. '~하는 게 더 좋다'는 말에는 원하는 내용이 들어 있어요. 동시에 사람들이 늘 우리가 원하는 대로 행동하는 건 아니라는 사실을 알고 있고, 어떤 상황이 벌어져도 대처할 수 있음을 보여 주죠.

우정 구슬 주머니 가득 채우기

우정은 일종의 구슬 주머니와 같아요. 친구와 함께 잘 지낼 때마다 여러분의 우정 구슬 주머니에 구슬이 더해지고 우정도 돈독해져요. 가득 찬 주머니는 그 사람과의 돈독한 우정을 뜻해요. 조금씩 친구에게 친절하게 대하고 도움을 주며, 진심으로 칭찬하고 함께 즐겁게 지내면, 이런 행동(구슬)은 우정을 키우는 데(주머니를 가득 채우는 데) 도움이 돼요.

하지만 반대로 친구와 말다툼하거나 고함을 지르고, 친구를 무시하거나 험담하고, 친구에게 거짓말을 하거나 심지어 친구의 물건에 흠집을 내거나 부수는 등의 비열한 행동과 말은 모두 우정 구슬 주머니에서 구슬을 꺼내는 행동이에요. 다시 말해 우정 구슬 주머니에 큰 구멍이 뚫려서 구슬이 재빨리 빠져나가는 셈이죠.

기억하세요! 친절한 행동은 우정을 조금씩 쌓아 가지만, 불친절한 행동은 우정을 재빨리 허물어뜨려요.

YES 우정을 조금씩 쌓는 친절한 행동

✦ 난 희진이에게 연필을 빌려줬어.

✦ 우리는 쉬는 시간에 즐겁게 공놀이했어.

✦ 난 희진이의 바뀐 머리 모양이 맘에 든다고 말했어.

✦ 난 방과 후에 놀러 오라고 희진이를 초대했어.

NO **우정을 재빨리 허물어뜨리는 불친절한 행동**

✦ 윽! 난 희진이에게 소리 지르고 못된 말도 했어! 그래서 우리 우정에 금이
  가 버렸지 뭐야.

여러분이 친구와 보낸 좋은 시간과 나쁜 시간이 거의 같다면, 이 우정
은 오래가지 못할 거예요. 나쁜 시간은 좋은 시간이 쌓이는 속도보다 더
빨리 우정을 허물어뜨리거든요. 우정을 키우고 싶다면 친절한 행동을 아
주 많이 해야 하고, 우정을 허물어뜨리는 불친절한 행동은 거의 하지 말
아야 한답니다.

열린 마음으로 질투 줄이기

인희는 주민의 행동들을 확인하고 통제함으로써 질투심을 없애려고
애써요. 하지만 주민은 인희의 행동 때문에 생기는 불쾌한 일을 피하려
고 현지와 더 많이 어울리고 싶어 하리라는 건 불 보듯 뻔해요.

자신은 자신대로 괴롭고 상대는 불쾌한 상황을 만드는 질투라는 감정
때문에 너무 고통스러워요! 그렇다면 인희는 어떻게 행동해야 할까요?
쉽지는 않지만, 주민과의 우정을 지키기 위한 좋은 방법이 있어요.

친구가 하는 일을 통제할 수 없음을 인정하기

인희는 현지에게 주민을 뺏기지 않기 위해 무언가를 해야 한다고 생각해요. 하지만 그 생각은 사실이 아니고, 도움도 안 돼요. 인희는 어렵겠지만 누군가를 억지로 친구로 만들 수 없다는 사실을 인정해야 해요. 우정은 종종 사람들 사이가 멀어짐으로써 끝나기도 해요.

인희는 또한 주민이 누구와 친구가 되고 싶은지는 스스로 선택한다는 것을 인정해야 해요. 만일 최악의 상황이 벌어져 인희와 주민의 우정이 깨진다면, 인희는 다시 새로운 우정을 향해 나아가면 돼요. 하지만 지금 그 둘은 친구 사이예요.

따뜻한 감정 표현하기

친구에게 "넌 못됐어!" 또는 "넌 공평하지 않아!"라고 말하는 것은 친구의 기분을 상하게 하거나, 말하는 사람과 어울리고 싶지 않게 만들어요. 친구를 나쁘다고 비난하는 말이니까요.

반대로 "나는 너랑 보내는 시간이 그리워." 또는 "이번 주말에 같이 놀자!" 또는 "난 너랑 노는 게 좋아!"는 친구와 함께하는 시간이 즐겁다는 따뜻한 관심이 담긴 표현이에요. 이런 말들은 우정을 돈독하게 하고, 친구가 함께 시간을 보내는 것에 대해 좋은 느낌을 갖게 하죠.

새로운 우정에 마음 열기

인희가 현지를 친구를 훔치려는 사람으로 보는 대신, 마음을 열고 더 알아 가기로 했다면 어떨까요? 그 둘은 모두 주민을 좋아하기 때문에, 이미 둘 사이에 공통점이 있는 셈이에요! 주민은 현지를 좋아해요. 그래서 알아 가고 싶어 하고, 아마도 친구가 되겠죠. 그러면 인희는 그런 주민의 감정을 배려해서 반응하면 돼요.

세 사람이 우정을 유지하기는 어려울 수도 있어요. 세 친구를 연결하는 삼각형이 있다고 생각해 봐요. 세 변을 항상 똑같이 유지하기는 어렵지 않을까요? 만일 인희가 주민과 현지 외에 다른 친구와도 우정을 쌓는

다면 주민에게 더 좋은 친구가 되는 데도 도움이 될 수 있어요. 함께 어울리는 다른 친구가 있으면 질투심을 덜 느낄 수도 있거든요. 혹시 주민과의 우정에 문제가 생기더라도 인희에게 다른 친구가 있다면 그 문제를 해결하기가 더 쉬울 거예요.

짜증과 못된 감정

7

누군가 너무 싫어서 짜증 나요

난 적이 있었으면, 사나운 싸움꾼이 되었을 텐데! 고양이는 원래 사납거든.

짜증스러운 감정은 누군가 또는 무언가 우리를 귀찮게 할 때 느끼는 낮은 단계의 화예요. 진영은 나은 때문에 짜증스러울 뿐만 아니라, 못된 감정도 들어요. 진영과 나은은 함께 보낸 시간이 있어요. 예전에는 친구였지만 이젠 우정이 끝났어요. 충분히 일어날 수 있는 일이에요. 하지만 진영은 여전히 나은과 부정적인 관계를 맺고 있어요. 진영은 나은을 '적'으로 생각해요. 계속 지켜보며 심지어 다른 사람에게 나은의 험담을 해요.

네가 옆집 허스키만 나타나면 숨는 것처럼 말이지? 쿡쿡.

적대적 사고를 하면 진영처럼 매우 싫어하는 사람을 감시하고 판단하며, 심지어 음모를 꾸미는 데 많은 에너지를 쏟아요. 그것이 일상에 긴장감을 주고 흥미진진함을 더하기도 해요. 여러분이 적으로 생각하는 친구가 다음에 무엇을 할지 궁금해하면서 다른 친구들과 험담하거나 웃음거리를 나누게 되거든요.

그러나 누군가를 적으로 대하는 것은 친절한 태도가 아니에요. 또 적대적 사고는 여러분을 계속 화나게 만들고 상황을 과장해 안 좋은 방향으로 흐르게 해요.

그, 그건 다르지.

나은의 웃음소리가
거슬리는 진영

사건

진영은 나은을 보고
나은의 웃음소리를 듣는다.

생각

난 나은이가 너무 싫어.
우리는 적이야!
나은이는 정말 짜증 나.

반응

나은도 진영이 노려보는 것을
보거나 하는 말을 듣고
똑같이 못되게 굴 수 있다.
또 다른 친구는 진영이
불친절하다고 생각한다.

행동

진영은 나은을 노려보며
다른 친구에게 나은의
험담을 한다.

감정

짜증, 못됨

진영 밖

진영 안

진영과 나은은 친한 친구 사이였는데, 얼마 전 둘의 우정이
깨졌어요. 그러면서 진영의 마음속에 새로운 감정이 생기죠.
진영의 감정 고리는 진영이 나은의 웃음소리를 들으면서 사건이
시작돼요. 나은의 웃음소리는 다른 사람에게는 전혀
거슬리지 않을 수 있어요.

하지만 진영은 나은을 적이라고 생각하고 짜증스러운 존재라고 여기죠.
이런 생각은 짜증과 못된 감정을 불러일으켜요. 그래서 진영은 나은에게
상처를 주려고 해요. 어쩌면 진영은 얼마 전 나은과의 다툼으로 아직도
기분이 상해 있을 수 있어요.

안 좋은 감정에 휩싸인 진영은 나은을 째려보고 다른 친구에게
나은에 대해 나쁘게 말하는 행동을 해요. 만일 나은이
이 사실을 안다면, 나은도 진영에게 못된 말을 할 수 있고
그러다 보면 둘 사이에 '전쟁'이 일어날 수 있어요.
적대적 사고는 문제를 키우고 상황을 훨씬 더 안 좋게
만들 수 있답니다.

내가 세상에 내놓는 것은
결국 되돌아와요

여러분이 누군가에게 못된 짓을 하면, 상대는 여러분에게 어떤 반응을 보일까요? 아마도 똑같이 갚아 줄 거예요! 그러면 여러분은 더 못되게 반응하겠죠. 상대방도 더욱 못되게 반응하고요. 그 결과 여러분은 예전에는 생각도 못 했던 매우 못된 행동을 할 수 있고, 더 큰 상처를 입을 게 뻔해요. 반대로 여러분이 친절하면, 상대도 여러분에게 친절히 대할 가능성이 커요.

적대적 사고를 피해야 하는 이유가 또 있어요. 다른 친구들이 여러분을 나쁘게 볼 수도 있기 때문이에요. 지유는 웃으며 진영의 말에 동의했지만, 또 다른 친구는 아무 말도 하지 않았어요. 오히려 진영과 지유가 나은에게 못되게 군다고 생각했죠.

아마도 그 친구는 '진영이 나은에 대해 이렇게 말했다면, 나에 대해서도 똑같이 나쁘게 말할 수 있어.'라는 생각이 들었을 거예요. 아무도 '와! 진영이 나은에게 너무 못되게 굴어서 진영과 친구가 되고 싶어!'라고 생각하지는 않아요. 진영은 나은을 공격하려다 결국 자신이 상처를 입고, 다른 친구와 멀어질 수도 있어요. 또 담임 선생님이 진영이 한 행동을 전해 들었다면 진영은 매우 곤란해질 수도 있고요.

여러분이 모두를 좋아할 필요는 없지만, 일부러 누군가에게 못되게 구는 것은 옳지 않아요. 게다가 다른 사람에게 못된 행동을 하도록 부추기면 따돌림을 당해요. 그러므로 그런 일은 시작도 하지 않는 게 좋아요.

핑계 주의하기

때때로 우리는 특정 사람의 감정이 중요하지 않다고 판단하고, 그 사람에게 못되게 굴어도 된다고 생각해요. 어쩌면 그 사람이 예전에 뭔가 짜증 나는 일을 했거나 못되게 굴었을 수도 있어요. 그 사람이 나보다 어리거나 다르게 생겼거나, 다른 많은 사람에게 놀림받았을 수도 있고요.

하지만 이런 **핑계**는 아무 소용없어요. 핑계는 잘못된 행동을 정당화하기 위한 근거일 뿐이에요. 안 좋은 행동을 하고도 그 행동이 실제로는 잘못이 아니라는 이유를 찾는 거죠. 사람들은 남에게 나쁘게 보이고 싶지 않을 때 핑계를 대지만, 그건 좋은 방향으로 나아가는 데 도움이 안 돼요.

여러분이 친구나 다른 아이들과 옳은 일을 하는 데 핑계 때문에 방해가 되지 않도록 주의하세요. 만일 부모님이나 선생님이 여러분이 한 일을 알았을 때 부끄럽다고 생각되면, 그것은 보통 여러분이 그 일을 해서는 안 된다는 뜻이에요.

여러분은 뭐가 옳은지 이미 알고 있어요. 무엇이 친절한 행동인지도 잘 알아요. 여러분이 해야 할 일도 알죠.

적대적 사고에서 벗어나기

진영이 진짜 나은이 싫다면 더는 나은에게 집중하지 말아야 해요. 계속 나은을 지켜보고 나은에 대해 이야기를 한다면, 화만 더 나고 나은을 진영의 삶에서 중요한 사람으로 만드는 꼴이 될 테니까요.

그렇다고 나은을 피하거나 대놓고 대화를 거부할 필요는 없어요. 이런 행동은 적대적 사고가 계속되는 셈이니까요. 대신 진영은 나은을 잘 모르는 사람 대하듯 공손하게 대하면 돼요.

혹시 나은이 진영에게 못되게 굴고, 진영이 그만하라고 해도 계속한다면 어른에게 말씀드리는 게 좋아요. 하지만 지금 당장 심각한 일이 벌어지지 않았다면 진영이 나은에 대해 생각하고 행동하는 방식을 바꾸는 것이 가장 좋은 방법이에요.

진영은 나은의 '나쁜 점'을 생각하는 대신, 적대적 사고에서 벗어나 자신을 돌보는 데 집중해야 해요. 여러분도 진영과 같은 감정이 솟을 때 자신에게 이렇게 말해 보세요.

- ✦ 이제 지난 일이야. 지난 일을 계속 생각하고 이야기할 필요는 없어.
- ✦ 나는 그 아이가 하는 행동을 통제할 수 없어. 난 내가 무엇을 할지만 선택할 수 있어.
- ✦ 비록 그 아이가 내게 사과하지 않아도 난 용서하기로 선택할 수 있어. 난 그 아이에게 계속 화를 내고 싶지 않거든.

✦ 그 아이에 대해 불평하는 것보다 친구와 재미있는 이야기를 나누는 게 더 좋아.

✦ 내년에는 그 아이가 이런 일을 했다는 사실조차 기억나지 않을 거야. 더는 중요하지 않아.

✦ 나는 그 아이를 안 좋아해. 하지만 난 좋은 사람이기 때문에 못되게 굴지는 않을 거야.

여기서 주목할 점은 싫은 친구에 대한 긍정적인 생각을 자신에게 주입하고 있지 않다는 점이에요. 싫은 친구가 아니라 자신이 이 세상에서 어떻게 살고 싶은지에 집중하고 있죠.

언짢음

8

나쁜 하루를 보내서 친구에게 신경질을 냈어요

정말 끔찍한 하루야! 샌드위치 속 잼이 줄줄 흘러서 옷을 버리고, 쉬는 시간 내내 교실에만 있어야 했어.

주승아, 나 버스에서 먹으려고 팝콘 가지고 왔는데.

게다가 주어진 단어로 열 문장이나 만들어야 하다니…. 난 문장 만드는 게 너무 싫은데!

팝콘 한번 먹어 봐. 맛있어.

싫어. 그거 맛없어. 이에 달라붙는 것도 너무 싫어. 넌 왜 늘 팝콘을 가져오는 거야? 내가 싫어하는 간식인데.

버럭

어, 어?

주승은 분명 하루 종일 안 좋은 일이 많았어요. 그러다 보니 기분이
언짢은 상태예요. 모든 일에 짜증이 나고 약간 화나 있어요.
미연이 주승의 상황을 알아채고 무슨 일이냐고
물어봤으면 좋았겠죠. 하지만 그러기는 쉽지 않아요.

주승이는 확실히
언짢아 보이네.
나도 반려인이 내 변기를
옮겼을 때 그랬어.

변기를 못 찾아서
소파에 실례해
버렸거든.

주승은 그날 있었던 일에 대해서도, 자신의 기분에
대해서도 아무 말 하지 않았어요. 그러니 미연은 주승의
상황을 모를 수밖에 없죠. 미연은 그저 주승과 맛있는 간식을
나눠 먹고 싶을 뿐이에요.

여기서 잠깐! 쉬는 시간에 교실에만 있어야 했고, 샌드위치
잼이 흘러서 옷도 버렸고, 열 문장이나 만드는 숙제를 해야
한다면 누구나 기분이 언짢을 수 있어요. 주승은 오늘 하루
언짢을 이유가 정말 많았죠. 그런데 친구인 미연의 기분을
맞추기 위해 정말 언짢은데 가짜로 기분 좋은
척이라도 해야 할까요?

그럴 만했네.

팝콘을 권하는 미연에게
짜증 난 주승

사건

미연이 팝콘을
나눠 먹자고 권한다.

생각

난 팝콘 안 좋아해.
오늘 온종일 끔찍했는데,
팝콘도 내가 싫어하는 간식이야.

반응

미연은 아마도 혼란스럽고
짜증이 나고,
그래서 똑같이
못되게 대답할
수도 있다.

행동

주승은 미연의 간식을
모욕한다.

감정

언짢음

주승 밖

주승 안

118

주승의 감정 고리는 미연이 주승에게 팝콘을 나눠 먹자고 권하면서
사건이 시작돼요. 미연의 입장에서는 친절한 행동이었지만, 주승의
생각은 그것을 끔찍한 하루에 벌어진 또 다른 끔찍한 일로 보게 했어요.
그래서 기분이 언짢았어요. 주승은 미연에게 자신의 언짢은 기분을
드러내면서 싫어하는 간식이라고 말하는 행동을 하죠.

미연은 당연히 좋은 반응을 보이지는 않을 거예요. 주승이 자기
기분을 언짢게 만든 일과 아무 상관도 없는 미연에게 쏘아붙이면서
언짢게 만들었으니까요. 주승은 미연에게 못되게 굴어요. 미연은 아마도
혼란스럽고 짜증이 날 거예요. 그러다 보면 못된 말을 할 수도 있겠죠.
그럼 주승은 더 언짢을 테고요! 친구를 모욕하는 행동은 자신의 기분이
나아지는 데 도움이 되지 않고, 친구에게도 좋지 않아요.

그렇다고 기분 좋은 척을 하라는 말은 아니에요. 자신을 언짢게 만든
원인과 아무 상관 없는 친구에게 못되게 굴지 말고 친절하게 대하라는
뜻이에요. 기분이 언짢은데 다른 사람에게 친절하고 공손하게 대하는
것은 가식이 아니에요. 가식은 다른 사람을 속이거나 다치게 하려는
의도가 있어요. 다른 사람이 보는 앞에서는 친절하게 대하다가도
뒤돌아서면 나쁜 말을 하는 것처럼요. 기분이 언짢아도 다른 사람에게
잘 대하는 것은 가식이 아니라, 친절한 행동이에요.

어떤 상황이든 최선을 다하기

기분이 언짢을 때 우정을 해치지 않으려면 어떻게 해야 할까요? 때때로 우리는 기분이 언짢으면 까칠하게 굴 수밖에 없다고 말해요. 이건 사실이 아니에요. 기분이 안 좋을 때 다른 사람을 기분 좋게 대하기는 어렵지만, 우리는 항상 우리가 어떤 행동을 할지 선택할 수 있어요. 쉽지는 않지만 기분이 언짢아도 다른 사람에게 친절하게 대해 보세요. 그렇게 하면 기분도 좋아져요. 여러분은 어떤 상황이든 최선을 다하겠다고 생각할 수 있어요.

'최선을 다하다'는 어떤 상황에서도 더 나빠지지 않고, 더 좋게 만들기 위해 행동한다는 뜻이에요. 스스로 노력해서 과거의 언짢은 일을 떨고, 진심으로 다른 사람을 배려하는 태도예요. 또 우리의 말과 행동이 상대에게 영향을 줄 수 있음을 안다는 뜻이기도 하고요. 여러분이 다른 친구에게 불쾌감을 주면, 친구 기분은 더 나빠지겠죠. 또 그 친구는 여러분이 한 일을 다시 되돌려줄 가능성이 커요. 꼭 누가 누가 더 언짢나 내기라도 하듯 못된 말과 행동을 주고받으며 매우 속상하고 상처받게 됩니다.

이렇게 다짐해 보세요. "나는 내 기분을 다른 친구에게 옮기지 않을 거야!"라고. 친절하기로 마음먹으면 언짢은 기분이 퍼지는 것을 막을 수 있어요. 여러분에게는 기쁨과 행복을 퍼뜨리는 힘이 있어요. 다른 친구에게 친절히 대하면 기분도 덜 언짢아요.

만일 여러분이 상대방을 잘 안다면 여러분 기분이 어떤지, 왜 그런지 말해 주고 싶을 수도 있어요. 단, 친절한 행동과 목소리로 해야 해요. 주승은 미연에게 화를 내는 대신 "아니, 괜찮아."라고 말할 수 있었을 거예요. 그렇게 거절한 다음 "오늘은 내게 힘든 날이야."라고 말해 주면 좋겠죠. 그러면 미연도 친절하게 반응하고요.

가장 마법 같은 단어 말하기

말에는 여러 가지 힘이 있어요. 들으면 기분이 좋아지기도 하고, 하고 싶지 않은 일을 하게 만들기도 하죠. 마법처럼 말이에요. '공손', '감사', '사랑' 같은 단어는 듣기만 해도 마음이 따뜻해져요. 특히 대화할 때 가장 마법 같은 단어는 바로 **"좋아!"**예요.

'좋아'는 여러분이 잘 듣고 있고, 함께 잘 지내려는 마음이 있다는 걸 보여 줘요. 언짢은 기분을 떨어 버리는 좋은 방법이기도 하고요. 두 친구의 대화를 살펴볼게요.

의자를 조금만 옮겨 줄래? 너무 붙은 느낌이 들어서 말이야.

싫어! 난 여기 있는 게 좋아. 움직이지 않을 거야.

의자를 조금만 옮겨 줄래? 너무 붙은 느낌이 들어서 말이야.

좋아.

첫 번째 대답은 다툼이 생길 가능성이 커요. 그러나 두 번째 대답 '좋아.'는 대화를 훨씬 나은 방향으로 이끌죠. 소리를 지르며 '좋아!'라고 대답하는 건 도움이 안 돼요. 차분하게 진심을 담아 말하면 평화로운 방향으로 순조롭게 진행해 나가겠다는 마음을 전하게 돼요.

그렇다고 늘 '좋아.'라고 말하며 좋아하지도 않는 팝콘을 먹어야 한다는 뜻은 아니에요! 이 말은 여러분의 선택이지 필수는 아니니까요. 어떤 때는 친절을 베푸는 친구와의 좋은 관계를 위해서 썩 내키지 않아도 먹을 때가 있어요. 그리고 때로는 차분하고 정중하게 거절해야 할 때도 있고요. 주승의 경우 팝콘을 원하지 않으면 "아니, 괜찮아."라고 말하면 돼요.

작은 결점에 집착하지 않기

같은 유리잔을 보고 어떤 사람은 반이 비었다고 하고, 어떤 사람은 반이나 있다고 한다는 이야기를 들어 봤나요? 주변에서 일어나는 일을 보면서 어떤 사람은 문제점만 보고, 어떤 사람은 좋은 점만 봐요. 두 가지 의견 모두 사실이지만, 문제점만 발견하는 사람은 긍정적인 부분을 무시

해요. 그래서 낙심하고 속상해하거나 걱정에 휩싸일 수 있어요. 어쩌면 이 사람은 좋은 점 즐기기를 스스로 차단하고 있는지도 몰라요.

한편, 좋은 점만 보는 사람이 더 나아 보일 수도 있겠지만, 이 사람은 실제 문제를 못 보고 넘어갈 수도 있어요. 만일 문제에 주의를 기울였다면 해결 방법을 찾을 수 있었을 거예요.

가장 현명한 사람은 보통 유리잔의 빈 부분과 찬 부분을 모두 보는 사람이에요. 이 사람은 좋은 점도 볼 수 있고, 문제점을 해결하거나 적어도 이해할 수 있으니까요. 좋은 점과 나쁜 점을 함께 보면 좋은 점이 더욱 좋아 보일 수 있어요.

또 어떤 사람은 거의 가득 찬 유리잔을 보고도 옆에 떨어진 아주 작은 물방울에 집중해요. 그래서 떨어진 물방울만큼 유리잔에 물이 비었다고 생각하죠.

이런 생각은 여러분이 원하는 것과 딱 맞아떨어지지 않게 만드는 아주 작은 문제에 집중하고 매달리게 해요. 사람을 매우 불행하게 만드는 사고방식이죠. 모든 것이 완벽해야 행복하다는 것은 현명한 생각이 아니에요. 삶은 늘 완벽하지 않으니까요. 모든 상황과 사람은 불완전해요. 그래서 '모든 것이 완벽해야 행복할 수 있다!'고 생각한다면, 여러분은 수많은 불행 속으로 뛰어드는 셈이에요.

완벽하지 않은 일 그 너머를 볼 수 있다면 더 행복할 수 있어요. 주승은 오늘 언짢은 일이 있었지만, 잘 생각해 보면 오늘 일어난 일 중에 좋은 일이나 적어도 괜찮은 일도 많았을 거예요.

유연성 키우기

딱딱하고 튼튼한 책상의 가장자리를 잡고 구부려 보세요. 아무리 노력해도 구부러질 리 없어요. 구부러지지 않는 성질을 **경직성**이라고 해요. 사람들은 자기 생각이나 행동을 굽히고 싶지 않을 때 경직된 반응을 보일 수 있어요.

NO 경직된 반응

✦ 완벽하지 않아서 형편없어. 난 그거 사용하지 않을 거야!

✦ 내가 원하는 방식이 아니니까 그렇게 하지 않을 거야.

✦ 아니! 우리는 내 방식대로 해야 해!

✦ 네가 우리가 할 수 있다고 말했으니까, 우리는 정확히 그렇게만 해야 해!

경직된 반응은 삶이 원하는 대로 되지 않을 때 자신을 꼼짝 못 하게 가둬요. 또 주위에 경직된 사람이 있으면 재미가 없어요. 그 사람들은 자주 다투고 서로 협력하지 않거든요.

이번에는 고무줄을 구부려 보세요. 크게 애쓰지 않아도 마음대로 구부리고 비틀 수 있고, 심지어 늘어나요. 경직성의 반

> 유연한 반응은 상황이 완벽하지 않을 때도 일을 진행하고 발전시키는 데 도움이 돼요.

대는 **유연성**이에요. 이 성질은 무언가 또는 누군가 구부러질 수 있다는
뜻이에요.

YES 유연한 반응

✦ 완벽하지는 않지만, 그 정도면 괜찮아! 사용할 수 있어.

✦ 계획이 바뀔 수도 있지. 다른 걸 하면 되지, 뭐.

✦ 한 명씩 돌아가면서 하자!

✦ 그래, 이번에는 네 방법대로 하자.

유연한 반응은 흐름에 따라 움직이고 예기치 않은 사건에 적응하거나, 다른 사람이 원하거나 필요로 하는 것을 고려할 수 있는 능력과 관련 있어요. 여러분이 원하는 것과 다른 사람이 원하는 것을 의논해서 결정할 수도 있죠. 바로 **타협**이에요. 유연한 반응은 우정을 키우고 지속하는 데 도움이 돼요. 여러분이 원하는 것보다 상대를 더 신경 쓴다는 것을 보여 주니까.

문제점을 이야기하는 시기와 방법 파악하기

자신의 감정에 대해 친구와 어떻게 이야기하는지는 우정에 큰 영향을 줄 수 있어요. 친밀해지고 도움이나 위로를 받기 위해서는 친구에게 자신의 감정을 이야기해야 해요. 하지만 우리가 하는 말이 부정적이거나 무례하다면 함께하는 것이 즐겁지 않겠죠. 다음은 언짢은 감정에 대해 친구와 이야기하는 방법이에요.

적절한 사람과 시간 및 장소 선택하기

먼저 여러분의 이야기를 잘 들어 주고 따뜻하게 받아 줄 듯한 사람을 선택하세요. 그 사람이 너무 바쁘지 않거나 집중할 수 있는 시간을 고르고요. 어떤 문제는 어른이 또래 친구보다 도움이 될 수 있어요.

상대가 듣기 편하게 말하기

여러분이 소리를 지르면 상대는 듣기가 더 힘들어요. 상대에게 소리를 지르면 상대도 여러분에게 소리를 지르거나, 여러분과 멀어질 테니까요.

원하거나 필요한 것 요청하기

친구에게 감정을 이야기하기 전에 여러분이 원하는 반응을 생각해 두면 도움이 될 때가 많아요. 친구가 문제 해결에 도움을 주길 바라나요? 아니면 다른 곳으로 관심을 돌려 주기를 바라나요? 그냥 들어 주기를 바라나요? 친구에게 원하는 것을 말하면, 그런 반응을 얻을 가능성이 더 커요. "~를 해 줄 수 있을까?" 또는 "~해도 괜찮을까?"라고 물어볼 수 있어요. "너/우리가 ~할 수 있다면 도움이 될 거야."라고 말할 수도 있고요.

이제 연습해 볼까요. 기분이 언짢은 두 아이가 친구에게 거슬리는 일에 대해 어떻게 말하는지 볼게요. 어떤 아이가 친구로부터 좋은 반응을 얻을 가능성이 더 클까요?

난 영어 수업이 싫어! 난 네 신발도 싫어! 난 네가 늘 "안녕!"이라고 말하는 것도 싫다고.

나는 지금 너무 기분이 언짢아. 선생님이 힘든 일을 시키셨거든. 그리고 신발이 불편해서 발가락이 아파. 괜찮으면 나랑 도서관까지 함께 가 줄래? 같이 가면 기분이 좀 나아질 것 같아.

첫 번째 아이는 친구에게 분풀이하고 있어요. 이럴 때 친구는 아마도 자기 신발은 물론이고 인사하는 방식에 아무 문제가 없음을 말하겠죠. 아니면 첫 번째 아이에게 못됐다고 비난하거나, "대체 뭐가 문제야?"라며 화내고 떠나 버릴 수도 있어요.

반면 두 번째 아이는 의사소통을 훨씬 잘했어요. 어떤 방식으로 말했는지 볼게요.

✦ 자기 감정에 이름을 붙여요.(기분이 언짢음)

✦ 이 감정이 순간적이고 영원하지 않음을 알아요.

✦ 친구를 탓하기보다 왜 그렇게 느끼는지 설명해요.

✦ 친구에게 원하는 것을 요청해요.

이렇게 자기 감정을 전달하고 자신이 원하는 바를 부드럽고 편안하게 말하면, 어떤 친구든 친절하게 대답할 가능성이 커요.

언짢음의 원인 해결하기

때때로 언짢은 감정은 다른 사람에게 전파돼요. 이를 감정 전염 혹은 **감정 흘러넘침**(Emotional Spillover)이라고 하죠. 어떤 상황에서 느낀 감정이 이후 다른 상황에서 반응하는 방식에 영향을 미칠 때를 말해요. 단어 시험 결과 때문에 화나 있는데, 친구가 종이를 한 장 빌려 달라고 하자 소리를 질렀어요. 이것이 바로 친구에게 감정 흘러넘침이 나타난 상황이에요. 만일 여러분의 기분이 언짢다면 다른 사람에게 그 기분을 풀지 말고, 대신 좋아질 방법을 찾아보세요. 그리고 왜 언짢은지 원인을 생각해 보세요.

피곤하거나 배가 고플 때, 운동을 충분히 하지 않았을 때도 기분이 언짢을 수 있고 화나는 상황을 해결할 능력이 떨어질 수 있어요. 하지만 다행스럽게도 이런 문제들은 쉽게 해결할 수 있어요. 특정 시간에 간식을 먹거나, 운동을 더 많이 하거나, 방 불을 조금 더 일찍 끄고 자는 등 도움이 되도록 일정을 변경하는 일에 대해서 어른과 이야기를 나눠 보세요.

재미있는 동영상을 보거나 게임을 하고 싶어서 일찍 자고 싶지 않을 수 있어요. 하지만 잠이 부족해서 피곤하면 기분이 안 좋아질 수 있고, 특히 우정이나 다른 인간관계에 영향을 미쳐요. 일찍 자면 기분이 니아지는지 실험해 보면 도움이 될 거예요. 조금 더 일찍 자거나 조금 늦게 일어나거나, 더 오래 잘 수 있도록 변화를 시도해 보세요.

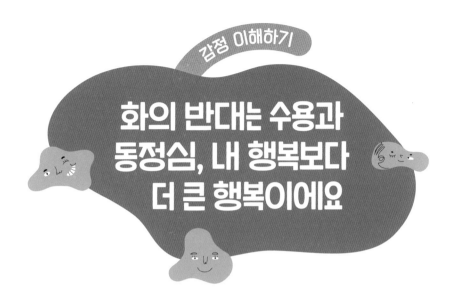

화는 우리가 무엇을 중요하게 여기는지 알게 해 줘요. 친구가 우리를 불공평하게 대하거나 원하는 것을 방해하면 화가 나죠. 그러면 그에 대응하는 행동을 하고 싶어요. 그렇게 화는 우리가 목소리를 내거나 문제를 해결할 힘을 주기도 해요.

그러나 때때로 화나는 대로 친구나 다른 사람에게 상처를 주는 행동을 하기도 해요. 이런 행동은 친절한 행동이 아니에요. 결국 더 많은 문제가 생겨요. 가끔은 매우 화가 났을 때 마음을 가라앉힐 수 있는 공간에서 차분히 생각해 볼 필요가 있어요. 나중에 후회할 말이나 행동을 하는 걸 원치 않을 테니까요.

앞에서 살펴본 친구들은 불친절한 행동을 했거나, 그런 생각을 했어요. 재범은 친구의 컨트롤러를 집어 던졌고, 인희는 주민이 현지와 친구가 되는 것을 막으려고 했고, 진영은 나은에 대해 나쁜 말을 했고, 주승은 미연의 간식을 모욕했어요. 이런 모든 행동은 우정을 해치거나 상대를 더욱 화나게 할 수 있어요.

화난 감정을 다루는 방법 가운데 하나는 바로 친구와의 대화예요. 재범은 친구에게 사과할 수 있어요. 또 다른 게임을 하자고 친구와 이야기해 볼 수도 있어요. 인희는 주민과 함께하는 것이 얼마나 즐거운지 이야기하다 보면 우정이 더 돈독해질 수 있고요. 주승은 미연에게 자신의 힘든 하루에 관해 이야기하고 도움을 받을 수 있어요.

종종 화난 감정을 다루는 가장 좋은 방법은 상황을 다르게 생각해 보는 거예요. **생각하는 방식을 바꾸면 감정도 바꿀 수 있거든요.**

재범은 지훈이 자기 성을 일부러 부수려고 한 게 아니고, 우정이 게임보다 더 중요하다는 사실을 생각해 볼 수 있겠죠. 인희는 주민이 다른 친구를 사귈 수 있다는 사실을 인정해 보면 좋아요. 진영은 나은에게 친절하지 않더라도 자신은 친절한 사람이 되고 싶다는 것을 깨닫고 적대적 사고를 떨쳐 버릴 수 있어요.

이외에도 화와 반대 감정을 찾으면 도움이 돼요. 화가 나면 오로지 여러분이 원하는 것만 신경 써요. 그렇다고 자신에게 "나는 신경 쓰지 않아."라고 말하지 마세요. 오히려 **자신과 다른 사람 모두를 더 신경 쓰세요.**

수용과 동정심은 화와 반대되는 두 가지 감정이에요. **수용**은 사람들을 있는 모습 그대로 좋아하는 감정과 태도예요. **동정심**은 우리가 친절한 눈으로 사람들을 바라볼 때 드는 감정이에요. 우리는 맘에 안 드는 것을 비판하거나 비난하는 대신, 상대방의 관점으로 상황을 바라볼 때 상대에게 동정심을 느껴요. 수용하고 동정심을 갖는 태도는 여러분의 초점이 자기 자신에게만 향하는 게 아니라, 다른 사람에게 향하기 때문에 친절한 행동이에요.

있는 모습 그대로 좋아하는 **수용**

내 친구는 약속에 잘 늦어. 예전에는 친구가 매번 늦어서 화가 났어. 그래도 그 아이는 좋은 친구라는 걸 깨달았지. 그래서 시간 약속을 잘 못 지키는 친구를 있는 그대로 받아들이고 좋아할 수 있었어.

다정하고 친절한 시선 **동정심**

내가 친구에게 가장 아끼는 점퍼를 빌려줬는데 친구가 그 옷을 찢었어. 나는 너무 화가 났지! 하지만 그건 사고였고 친구는 내게 너무 미안해했어. 난 친구가 일부러 옷을 망가뜨리지 않았다는 걸 알아. 그리고 무엇보다 친구는 옷보다 훨씬 중요해.

동정심을 갖는 것은 친구에게 나는 화를 잠재우는 데 도움이 돼요. 때로는 우리 자신에게 동정심을 갖는 것도 필요하고요.

나에 대한 동정심

✦ 실수는 누구나 해. 친구를 화나게 했다고 날 너무 원망하지 말고, 그냥 사과하고 넘어가. 다음에 더 잘하면 돼.

✦ 난 너무 피곤해서 기분이 안 좋아. 좀 쉬고 내일 다시 해 봐야겠어.

수용과 동정심은 다른 사람뿐만 아니라 우리 자신에게 난 화도 누그러뜨릴 수 있어요. 이런 감정은 너그러운 마음으로 사람의 가장 좋은 점을 보니까요.

화와 반대되는 또 다른 감정은 바로 **내 행복보다 더 큰 행복**이에요. 이 감정은 우리가 옳은 일을 하기로 선택했을 때, 특히 하기 어려운 상황에서 할 때 생겨요. 우리는 더 나은 세상을 위한 행동을 할 때 기분이 좋아요. 다른 사람과 연결된다는 느낌을 받죠. 그리고 화가 가라앉는 평온한 느낌을 받아요. 아무 이유 없이 친구를 용서했거나 누군가에게 친절한 일을 했을 때 이런 감정을 느낄 수 있어요. 이 행복은 그 어떤 행복보다 조용하고 조심스럽지만, 더 넓고 깊어요.

더 나은 세상을 향한 내 행복보다 더 큰 행복

나는 친구가 주인공으로 뽑혀서 너무 화가 났어! 원래 내가 친구보다 연극에 관심이 더 많거든. 하지만 연극에 관심이 있다는 것은 좋은 공연을 만들기 위해 내가 할 수 있는 일을 한다는 뜻이야. 난 친구가 대본 외우는 걸 돕고 있는데, 기분이 정말 좋아.

화가 나면 자신이 화가 났음을 알아차리되, 경솔하게 그것을 행동으로 옮기지는 마세요. **더 큰 그림을 바라보세요.** 다른 사람이 생각하고 느끼고, 원하거나 필요한 것을 헤아려 봄으로써 여러분이 원하는 것 그 이상을 바라본다는 뜻이에요. 또 전에 있었던 일과 앞으로 일어날 수 있는 일을 생각함으로써 더 나은 미래를 바라보는 거죠.

물론 화를 없앨 필요는 없어요. 감정은 절대 위험하지 않아요. 여러분에게 다양한 정보를 주니까요. 문제는 화난 감정으로 하는 행동이에요. 따라서 반대 감정에 초점을 맞추면 화가 가라앉고 올바른 방향을 찾는 데 도움이 돼요. 어쩌면 여러분은 의견을 말할 수 있고, 신경 쓰지 않을 수도 있겠죠. 또 여러분이 태도나 행동 방식을 바꿀지도 몰라요. 어쩌면 반대 감정에 집중하면서 화를 다스리고, 내 행복보다 더 큰 행복을 향해 나아갈 수도 있을 거예요.

화를 꼭 안아 봐요!

친구에 대한 화를 다스리는 법은 배우기 어려워요. 연습하고 또 연습해야 하죠. 하지만 그럴 마음만 있다면 누구든 할 수 있어요. 여러분이 과거에 화를 어떻게 다루었는지, 그리고 앞으로 어떻게 다루고 싶은지 생각해 보면 큰 도움이 돼요.

✦ 언제 친구에게 화났는지 생각해 봐요.

그 친구가 무엇을 했나요?

나는 그 일에 어떻게 대처했나요?

친구는 무슨 일이 있었다고 말할까요?

만일 그때로 돌아간다면, 대처 방법에서 어떤 점을 바꾸고 싶나요?

✦ 내 우정 구슬 주머니가 계속 가득 차려면 어떻게 해야 할까요?

✦ 친구의 다른 친구를 질투한 적이 있나요? 그때 나는 어떻게 했나요?

✦ 내가 적이라고 생각한 아이가 있는지 생각해 봐요. 그래서 어떤 상황으로 이어졌나요?

✦ 왜 누군가를 적으로 여기는 적대적 사고를 버리는 것이 중요한가요?

✦ 기분이 언짢을 때는 다른 사람에게 쉽게 짜증을 낼 수 있어요. 기분이 언짢을 때 도움이 될
만한 일은 무엇일까요?

✦ 나는 친구와 있을 때 더 경직된다고 생각하나요, 아니면 유연하다고 생각하나요?

✦ 완벽하지 않은 상황에서 유연하게 대처한 경험이 있나요?

난 슬플 때 달을 보며 울부짖어. 개는 낮에 장난을 치지만, 밤에는 삶의 깊은 외로움을 느끼거든.

너만 그런 것 같은데. 난 반려인이 내 간식을 바닥냈을 때만 슬프거든.

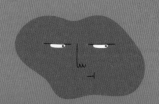
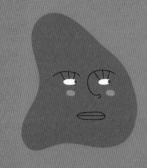

슬픔은 무언가 또는 누군가를 잃어버렸을 때 드는
감정이에요. 슬픔을 느끼면 가슴이 저린 듯 아파요.

친구에
대한
슬픔

3부

친구 관계에서 느끼는 슬픔은 우리가 갖지 못하는 것을 원할 때 생겨요.
친구를 잃거나 원하는 대로 일이 풀리지 않을 때 슬플 수 있어요.
친구 관계에서 무언가 부족하다고 생각할 때도 슬픔을 느껴요.

비록 슬픔은 고통스럽지만, 다른 감정처럼 쓸모가 있기도
해요. 중요한 것이 무엇인지 파악하는 데 도움이 되거든요.
슬프면 위로를 받으려고 하고, 다른 사람과 가까워져요.
또 부족함을 채우기 위해 변화를 주기도 해요.

구민은 친구가 이사해서 너무 슬퍼요. 비통은 슬픔이 매우 커서 마음이 아픈 감정이에요. 이 일은 구민에게 큰 상실이기 때문에 비통해하는 건 당연해요. 상실은 어떤 사람과 관계가 끊어지거나 헤어지게 되는 것을 뜻해요.

난 가끔 골목 친구들이 보고 싶어. 지금 우리 집이 좋지만, 함께 즐거운 시간을 많이 보냈거든.

난 네가 여기에 있어서 기뻐. 원하면 언제든지 와서 내 방석에서 울어도 돼.

비통은 여러분이 매우 아끼는 무언가 또는 누군가가 더는 여러분과 함께 있지 않아서 생기는 아픈 감정이에요. 해솔은 좋은 친구였고, 그런 친구와 멀리 떨어져 있으니 구민은 당연히 매우 슬플 거예요.

구민과 해솔은 화상 채팅이나 메시지, 온라인 게임을 통해 계속 연락하고 지낼 수 있을 거예요. 어쩌면 언젠가 서로를 찾아갈 수도 있어요. 멀리 이사 간 친구와 계속 연락하고 지낸다면 기분이 나아질 수도 있어요. 하지만 그 관계는 분명 예전과 같지 않을 거예요.

냥이 넌, 정말 좋은 친구야!

해솔이 멀리 이사 가서
절망하는 구민

사건

친구가 멀리
이사를 했다.

생각

다시는 해솔이를 못 보겠지.
난 같이 놀 사람이 없어.
해솔이처럼 좋은 친구는
절대 못 만날 거야.

반응

없음

행동

구민은 다른 친구에게
연락하고 싶지 않다.

감정

비통과 절망

구민 밖

구민 안

144

구민의 감정 고리는 해솔이 이사하면서 사건이 시작해요.

구민의 생각은 주로 여러 나쁜 상황을 예측하는 데 초점이 맞춰져 있어요.

다시는 해솔을 만날 수 없고, 해솔처럼 친한 친구는 절대 생길 수 없다는

생각이죠. 이런 생각 때문에 구민은 상실에 대한 비통을 느끼고

미래에 대해 절망해요. 절망이란 미래에 나아진다는

희망이 없어서 우울한 상태예요.

구민은 절망감을 느끼기 때문에, 다른 친구에게 연락하고 싶어 하지

않아요. 그런 마음은 이해가 가지만, 그러면 계속 슬플 수밖에 없어요.

그런다고 해솔이 다시 돌아오는 건 아니니까요.

구민은 다른 친구들과 멀어지면서 비통을 이겨 내는 데

도움이 될 만한 위로나 재미도 얻지 못해요.

여러분도 친구를 잃은 적이 있나요? 우정은 누군가가 이사하면 끝날 수도

있어요. 또 다투거나 함께 시간을 많이 보내지 않아서 끝날 수도 있어요.

이런 비통함을 다루는 방법을 알아볼게요.

자기 감정 받아들이기

상황을 바꿀 수 없다면, 자기 감정을 알아차리고 받아들임으로써 자신을 다독여 주세요. 구민은 해솔이 이사했다는 사실 자체를 바꿀 수는 없어요. 하지만 '나는 아프다. 나는 슬프다. 나는 해솔이가 보고 싶다.'는 감정을 인정함으로써 자신의 마음을 추스를 수 있어요.

사람들은 종종 자기 감정을 판단해요. '이렇게 느끼면 안 돼!' 또는 '이런 감정은 유치해!'라고 생각하죠. 여러분이 느끼는 감정은 여러분의 것이고, 그렇게 느껴도 괜찮아요! 감정은 좋은 것도 아니고, 나쁜 것도 아니에요. 단지 정보일 뿐이죠.

여러분을 아껴 주는 사람에게 감정을 털어놓는 방법도 좋아요. 기쁨은 나누면 배가 되고 슬픔은 나누면 반이 된다는 말도 있잖아요. 구민의 엄마가 해솔을 다시 데려올 수는 없지만, 구민을 이해하고 위로해 줄 수는 있어요. 그럼으로써 구민도 기분이 좋아진답니다.

기분이 나아질 만한 일 하기

'나 같은 상황을 겪는 친구가 있다면 어떻게 대해야 할까?'를 생각해 보면 도움이 돼요. 구민이라면 비통에 잠긴 친구에게 "정신 차려!" 또는 "그렇게 느끼면 안 돼!"라고 말하지 않을 거예요. 대신 친구에게 더 친절하고 따뜻하게 대하며 마음을 다독이려고 노력하겠죠.

위로가 되고 기분 전환을 할 수 있는 재미있는 일을 찾아보세요. 비통한 감정을 다스려 기분이 나아지도록 자신의 마음을 추스르는 방법을 생각해 보세요. 다음은 기분이 나아지는 데 도움이 될 만한 일들이에요.

+ 재미있는 TV 프로그램이나 책 보기
+ 반려동물과 함께 시간 보내기
+ 가족과 함께 산책하기
+ 게임하기

+ 자전거 타러 나가기
+ 다른 친구와 어울리기
+ 새로운 일 배우기
+ 포근한 담요 두르기

다른 사람에게 마음 열기

분명 구민의 말은 맞아요. 누구도 해솔을 대신할 수는 없을 거예요. 그렇다고 다른 친구를 사귈 수 없는 건 아니에요.

친한 친구와 헤어지면 간혹 다시는 새 친구를 사귈 수 없다고 여기기도 해요. 다른 친구를 사귀면 오랜 친구를 배신하는 행동이라고 생각할 수 있거든요. 하지만 그렇지 않아요. 해솔도 구민을 걱정하기 때문에 구

민이 외롭지 않도록 새로운 친구를 찾길 바랄 거예요.

구민은 새로운 친구를 찾기 위해 누가 자신과 같은 것을 좋아하는지 생각해 보고, 새로운 동아리나 활동에 가입해 보고 싶을 수도 있어요. 학교나 동네 아이들과 이야기를 나누거나 함께 놀아 보아도 좋아요.

물론 새로운 우정은 오래된 우정만큼 쉽고 편안하지는 않아요. 누군가와 가까워지는 데는 시간이 필요해요. 새로운 친구를 빨리 만나면 만날수록 하루라도 빨리 돈독한 우정을 새로이 쌓을 수 있어요. 그렇다고 새로운 친구가 해솔의 자리를 대신하는 건 아니에요. 그럴 필요도 없어요. 새로운 친구는 그 자체로 재미있고 의미가 있으니까요.

시간 갖기

아마도 구민은 해솔과 매우 친했기 때문에 오랫동안 해솔을 그리워할 거예요. 그러나 그 비통이 구민의 행복을 막아서는 안 돼요. 구민은 해솔을 그리워할 수 있고, 동시에 해솔 없이 즐겁게 지낼 수도 있어야 해요.

너무 슬프면 울 수도 있어요. 그래도 괜찮아요. 실제로 울고 나면 기분이 나아질 때도 많거든요. 울음은 다른 사람에게 우리가 상처를 받았고, 위로가 필요하다는 신호를 보내기도 해요.

여러분이 지금 무엇을 느끼고 있든 그건 바로 지금의 감정이에요. 감정의 놀라운 점 중 하나는 시간이 지남에 따라 누그러든다는 점이고요.

실망감

10

원하는 팀이 아니어서
속상해요

자, 여러분 오늘은 이렇게 팀을 나누기로 했어요.

뭐야. 다들 잘하는 A팀인데, 나만 못하는 B팀이네.

이러다 친구들과 멀어지는 거 아냐?

실력을 균등하게 배치했으니 열심히 해 보자!

오예~, 오늘 꼭 이겨 보자고!

좋았어, A팀 화이팅!

다들 나 없이도 즐겁게 지내겠지! B팀이라면 경기를 하고 싶지도 않아!

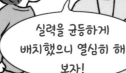

유리는 친한 친구들이 다 모여 있는 데다 실력이 더 좋은 A팀이 못 돼서 매우 **실망했어요**. **실망감**은 원하고 기대했던 것을 얻지 못했을 때 드는 감정이에요.

난 산책 가는 줄 알았는데, 반려인이 혼자 나가 버리면 실망스러워.

난 혼자 있는 게 더 좋은데. 집에 혼자 있으면 내 무대인 식탁에 뛰어올라서 구독자를 위한 영상을 찍기 시작하지!

유리는 친구와 함께 더 잘하는 A팀이 될 줄 알았어요. A팀보다 실력이 떨어진다고 생각하는 B팀에 있으면 자신이 뒤처질 듯한 생각이 들죠. 그동안 행복하고 신난 친구의 모습을 본다면 실망감이 더 커질 거예요. 이건 몹시 힘든 일이에요. 이런 식으로 혼자만 제외되면 누구나 속상하겠죠.

나 말고 구독자가 또 있어?

뭐 아직 없지만, 분명히 곧 입소문이 난다고!

친구와 다른 팀이라
걱정하는 유리

사건
친구는 A팀인데,
유리는 B팀이 되었다.

생각
B팀은 바보야.
친구와 멀어질지 몰라.
친구는 나 없이도 즐겁게 지내겠지.

반응
친구는 유리가
무례하다고 생각할
수도 있다.

감정
실망, 걱정, 화

행동
유리는 B팀에서
경기하는 것을
거부할 수도 있다.

유리 밖

유리 안

이제 유리의 감정 고리를 함께 살펴봐요. 친구와 다른 팀이 된 유리는 실망하고 걱정해요. 또 선생님께 화를 낼 수도 있어요. 하지만 유리는 좋은 생각이 아님을 알고 있을 거예요.

아무리 A팀에 가고 싶고, 심지어 그럴 자격이 있다고 생각해도 팀은 선생님이 실력을 고려해서 나눈 결과니까요. 유리는 그것을 받아들이는 게 좋아요. 또 유리가 삐져 있으면 다른 사람은 어떤 반응을 보일까요? 유리가 무례하다고 생각할 수도 있어요. 이런 반응은 유리가 친구를 사귀고 B팀에서 즐겁게 지내는 데 방해가 되죠.

따라서 유리는 이 실망감을 어떻게 다룰지, 친구와 오래 떨어져 있는 동안 어떻게 연락을 계속할 수 있을지를 고민해야 해요. 이제 이런 상황에서 실망감을 극복할 수 있는 몇 가지 방법을 살펴보죠.

내 안의 힘 믿기

생각했던 일이 이루어지지 않으면 상실감이 들고, 앞으로도 이루어질 가능성이 없음을 깨달으면 슬퍼요. 이럴 때는 먼저 자기 감정을 알아차리는 게 중요해요. 그리고 좋은 소식이 있어요. 여러분은 그 실망감과 슬픔을 감당할 만큼 충분히 강하다는 점이에요.

실망감은 고통스럽지만, 그 고통은 영원하지 않아요. 최악의 순간은 그 일이 처음 발생했을 때예요. 시간이 지나면 그 상황에 익숙해지고, 더는 중요하지 않게 여기게 되죠. 이것이 바로 여러분이 가진 힘이에요.

또 주변의 모든 일이 우리가 원하는 그대로 되어야만 행복한 건 아니에요. 이것은 행복에 대한 오해일 뿐이에요. 절대 모든 일이 우리가 원하는 대로 되지 않으니까요. 그래도 괜찮아요. 여러분은 다양한 상황에서 행복을 찾을 수 있을 만큼 충분히 강하니까요.

유리 상황에서 해결책은 선생님께 A팀에 넣어 달라고 하는 게 아니에요. 자신의 힘을 믿고 행동한다면 상황은 변하지 않겠지만, 유리의 감정은 변할 테니까요. 유리는 오히려 친구들과 협력하며 열심히 행동함으로써 그 상황을 최고가 되도록 활용할 기회가 있어요. 최고의 팀에 속하지는 않았지만, 얼마든지 좋아하는 스포츠를 즐길 수 있어요. 실력도 더욱 늘겠죠. 그러다 보면 실망감은 어느새 사라지고 없어요. 이것이 바로 여러분이 가진 두 번째 힘입니다.

삶에서 놀라운 사실 중 하나는 모퉁이를 돌면 새로운 우정, 새로운 관심, 재미있는 경험 등이 여러분을 기다린다는 점이에요. 이런 가능성을 발견하고 삶의 다음 장을 쓰려면 유리는 먼저 자신의 실망감을 인정한 다음, 그걸 잊고 다음 단계에 집중해야 해요.

'그래도' 놀이 하기

어른은 실망한 아이에게 "좋은 면을 봐!"라고 말해요. 그러나 말처럼 쉽지 않아요. 대신 그다지 나쁘지 않은 점 또는 더 나빠질 가능성을 찾을 수는 있어요! '그래도' 놀이는 지금 마주한 상황보다 더 나쁜 상황을 상상함으로써 마주한 상황에서 나쁘지 않은 점을 찾는 놀이예요.

더 나쁜 상황 상상해서 지금 나쁘지 않은 점 찾기

✦ 그래도 나는 축구팀에서 뛰는 것이고, 거기서 새로운 친구를 사귈 수도 있잖아.

✦ 그래도 B팀에 있으면 A팀에서 경기할 때보다 출전 기회를 더 많이 얻을 수 있을 거야.

✦ 그래도 내년에 다시 A팀에 도전할 수 있잖아.

이렇게 하면 실망을 안겨 준 상황이 그다지 나빠 보이지 않는답니다.

또 우스꽝스러운 상황을 상상해 볼 수도 있어요. 감기에 걸린 친구가 놀기로 한 약속을 취소해서 실망했다면, 이렇게 상상하는 거죠.

우스꽝스러운 상황 상상하기

+ 그래도 친구가 우리 집에 와서 내 침대에 토하지는 않았잖아.
+ 그래도 친구가 남극으로 이사한 건 아니잖아.
+ 그래도 친구가 티라노사우루스에게 잡아먹힌 건 아니잖아.

이렇게 비교해 보니 감기 때문에 약속이 취소된 것이 그렇게 안 좋은 일처럼 보이지는 않네요!

친구에게 지지를 표현하기

비록 자기 자신과 상황에는 실망했지만, 친구와 계속 연락하고 지내려면 친구를 지지해 줘야 해요. 정말 어렵지만 좋은 친구라면 꼭 해야 하는 일이에요. 이런 상황에서는 하나 이상의 감정을 동시에 느낄 수 있어요. 자신 때문에 슬플 수도 있고, 친구 때문에 행복할 수도 있어요. 여러분이 친구를 아낀다면 친구의 행복을 망치는 일은 하고 싶지 않을 거예요. 친구가 행복해지는 방법을 찾는 것은 가식이 아니라 너그러운 행동이에요.

유리가 좋은 친구가 되려면, 친구에게 "축하해!"라고 말해 줘야 해요. 이건 정말 축하할 일이니까요.

만일 친구와 계속 연락하고 싶다면, 시간이 지나도 친구가 하는 일에 관심을 보여야 해요. 몇 주 동안 팀에 대해 그리고 경기가 어땠는지 물어볼 수 있겠죠. 또 친구에게 자신의 팀에 대해 긍정적으로 말해야 해요. 친구를 응원하기 위해 경기를 보러 가고 싶을 수도 있어요. 친구를 매우 아끼는 행동이죠. 그러면 친구도 유리네 팀 경기를 보러 와서 유리를 응원해 줄 수 있어요. 이렇게 하다 보면 축구 경기와는 상관없이 유리는 여전히 친구와 좋은 관계를 유지할 수 있어요.

난 유리 기분 이해해. 나는 몇 년째 '가장 사랑스러운 수영' 상을 타고 싶었는데, 아직도 못 받았거든. 그래서 너무 실망스러워!

그런 대회도 있어?

아니, 하지만 있어야 해. 그리고 내가 일 등을 해야 해!

꼭 너한테 투표할게!

수치심과 부러움

11

난 잘 못할 거예요

재현은 너무 슬퍼요. 게다가 수치심과 부러움을
느껴요. 이 두 감정 때문에 마음이 매우 힘들어요.
수치심은 우리 자신이 잘못되었거나 충분하지
않다고 여길 때 드는 감정이에요. 부러움은 다른
사람과 자신을 비교하고, 남만큼 잘될 수 있기를
바라는 감정이에요.

이궁, 가엾은 재현이.
그냥 재현이의 무릎에 턱을
기대고 싶어지네.

재현이는 분명 따뜻한
털북숭이 친구가 필요할
거야. 그럼 세상 문제는
대부분 해결되잖아.

여러분은 재현의 이야기를 보고 어떤 감정이 드나요?
여러분도 종종 그런 감정을 느껴 봤을 거예요.
어쩌면 이 이야기를 보고 아는 누군가가 떠올랐을 수도
있어요. 재현에게 안타까운 마음이 들 수도 있고요.
냥이와 멍이처럼 재현을 위로해 주고 싶을 수도 있겠죠.

재현은 잘하는 게 아무것도 없고, 아무도 자신을 좋아하지
않는다고 믿고 있어요. 마치 자신을 평가해서 모든 면에 빵점을
주듯요. 자신에게 점수를 매긴다고 해서 기분이 나아지지는
않아요. 또 재현은 새로운 활동과 새로운 사람을 피하지 말아야
해요. 그러기 위해서 먼저 무엇을 해야 하는지 재현의 감정
고리를 살펴보며 함께 생각해 봐요.

오호,
네 말이
맞아!

넘어지면서 책을 떨어뜨려
창피한 재현

사건

재현은 넘어지면서
책을 떨어뜨렸다.

생각

다들 날 싫어해.
나는 잘하는 게 아무것도 없어.
나도 하온이처럼 되고 싶어.

반응

아이들은 재현을 모르기
때문에 계속
재현을 무시하거나
괴롭힌다.

행동

재현은 새로운 활동을
시도하지 않는다.

감정

슬픔, 수치심,
부러움

재현 밖   **재현 안**

이 모든 일이 시작된 사건은 얼마 전에 일어났어요. 재현이 실수로
넘어지면서 책을 떨어뜨리자 아이들이 재현을 놀리기 시작했어요.
이 일로 재현은 자신에 대해 온갖 나쁜 생각을 하기 시작해요.
그리고 인기 많은 하온과 비교하면서 자신의 결점을 더욱 의식해요.

이런 생각 때문에 재현은 슬픔, 수치심, 부러움을 느끼며
고통스러워해요. 그래서 로봇공학 교실에 가지 않기로 마음을 먹어요.
그러면 당연히 친구를 사귀지 못하고, 주변 친구의 도움도 받지 못하기
때문에 계속 짓궂은 아이들의 놀림을 받을 가능성이 커요.
결국 재현의 감정 고리는 재현을 꼼짝도 못 하게 할 거예요.

그렇다면 어떻게 해야 재현이 움직일 수 있을까요?
먼저 자신에 대해 생각하는 방식을 바꿔야 해요. 만일 여러분이
재현처럼 수치심을 느낀 적이 있다면, 모든 결점이나
친구와 다른 점을 없애야 기분이 나아진다고 생각할 수 있어요.
하지만 그건 불가능해요. 자신에게 점수 매기는 일을 당장 멈추세요!
그래야 수치심을 떨치고 앞으로 나아갈 수 있답니다.

남의 겉모습만 보고 나와 비교하지 않기

우리는 남들이 모든 것을 다 가지고 있다고 생각하기 쉬워요. 재현도 하온을 보면서 모두가 우러러보는 사람, 노력하지 않아도 문제없이 잘 해내는 사람이라고 생각해요. 그러나 아마 실제로 그런 일은 없을 거예요. **누구나 문제를 가지고 있으니까요.** 잘 모르는 사람이면 겉모습만 보고 문제를 알기는 어렵죠.

남의 겉모습만 보고 나와 비교하는 것은 말이 안 돼요. 아마 그 친구도 사람이기 때문에 여러분과 똑같은 문제는 아니더라도, 분명 어려움을 겪고 있을 거예요. 단지 여러분이 모를 뿐이에요.

자신을 친구처럼 대하기

재현은 넘어진 기억에 집착하며 자신을 정말 바보라고, 잘하는 게 아무것도 없다고 자책하고 있어요. 친구가 넘어진다면 여러분은 어떤 반응을 보일까요? 아마 넘어진 친구를 위로하고 넘어져서 기분이 상하지 않도록 도와주겠죠. "괜찮아? 내가 책 줍는 거 도와줄게. 여기는 넘어지기 쉬운 곳이야. 누구나 그럴 수 있어."라고 말이에요. 그러면 누구라도 실수를 훌훌 털고 넘어갈 수 있어요.

여러분이 실수하더라도 친구에게 하듯 친절하게 자기 자신을 대하도록 노력하세요. 여러분과 친구는 과거의 실수를 곱씹는 것보다 더 흥미로운 일에 관해 이야기하고 생각할 수 있을 테니까요.

나에게 차이점은 무슨 의미인지 이해하기

모든 사람은 저마다 독특하고 특별해요. 자신의 차이점을 자랑스러워하기도 하고, 주변 사람과 다르다는 이유로 왠지 부족하다는 느낌을 받기도 해요. 차이점 때문에 놀림이나 괴롭힘을 당할 때는 더 힘들죠.

특히 여러분과 같은 십 대에는 다른 사람과 비교해 다르다고 느낄 때가 많아요. 안경이나 치아 교정기를 착용할 때, 반에서 가장 키가 크거나 작을 때, 심지어 수학 우등반 또는 열등반에 속할 때도 그래요. 또 할머니 할아버지 밑에서 자라거나 인종이나 종교, 언어가 다른 경우에도 주변

아이들과 다르고, 분리되었다고 느낄 수 있어요. 심하면 이런 모든 차이점 때문에 우울해질 수 있고요.

다른 사람의 생각을 바꿀 수는 없지만, 그 차이점이 여러분에게 무슨 의미인지 이해하는 것은 매우 중요해요. 여러분 자신을 이해하는 과정이니까요. 자신을 이해하는 감각을 기르려면 노력과 시간이 필요해요. 나이가 들면서, 그리고 함께하는 사람이나 어떤 상황에 놓였는지에 따라서 변할 수 있어요. 자신을 더 잘 이해하려면 어떻게 해야 하는지 알아봐요.

'그래야만 한다'는 생각에 의문 품기

가장 먼저 할 일은 '그래야만 한다'는 말이나 생각에 의문을 품어야 해요. 과연 누가 여러분의 겉모습과 여러분이 무엇을 잘해야 하는지를 결정할까요? 모두가 똑같다면 세상은 너무 지루한 곳이 될 거예요!

차이점에서 비롯한 장점 찾기

차이점 때문에 좋은 점이 있는지 찾아봐요. 다른 사람보다 집중력이 떨어질 수 있지만, 대신 매우 창의적일 수 있어요. 또 여러분과 비슷한 점이 많은 가족이나 친구와 더 가깝게 지내는 계기가 돼요. 여러분처럼 다른 사람과 달라도 세상에 놀라운 공헌을 한 유명인도 있고요. 어쩌면 그 차이점 때문에 풍부한 역사와 독특한 전통을 가진 특정 집단이나 문화와 연결되어 있을 수도 있어요. 여러분이 자신의 차이점에서 더 많은 장점을 찾고 알게 된다면, 그 차이점들을 자랑스러워할 수 있답니다.

전체 그림 보기

여러분의 차이점을 여러분의 전부가 아닌 일부분으로 보는 것도 중요해요. 혹시 컴퓨터에서 색깔 덩어리로 보일 때까지 그림을 크게 확대해 본 적이 있나요? 그 색깔 덩어리에 집중하면 무슨 그림인지 알 수가 없어요. 전체 그림을 보려면 그것을 축소해야 해요.

여러분도 마찬가지예요. 여러분의 일부분만 확대해서 보면 이해가 안 될 거예요. 중요한 것은 여러분의 전체 모습이에요.

질문에 대응 계획 짜 보기

상황에 따라서 안 좋은 의도가 있든 없든 여러분은 차이점에 관한 의견이나 질문에 대처할 준비를 해야 할 수도 있어요. 이러한 준비는 상황과 그 의견을 낸 사람과의 관계에 따라 달라지죠. 무례한 의견에 대한 대응 계획을 세울 때는 어른과 이야기를 나누어 보세요. 다음은 여러분이 세울 수 있는 대응 계획이에요.

간단하게 설명하기

때때로 사람들은 나쁜 의도 없이 그냥 궁금해서 물어볼 수 있어요. 물론 여러분이 그 질문에 꼭 대답할 필요는 없어요. 하지만 "그건 내 보청기야. 더 잘 듣게 도와주거든."처럼 간단히 설명해 줄 수는 있어요.

무시하고 넘어가기

만일 그 순간에 혹은 그 사람과 여러분의 차이점에 관해 이야기하고 싶지 않다면, 어깨를 으쓱하거나 "음."이라고 말하고 화제를 바꿔요.

'나'로 시작해 분명하게 의견 말하기

때때로 사람들은 여러분을 불편하게 만들어요. 하지만 여러분이 귀찮거나 불편하다고 말하지 않으면 사람들은 모를 수 있어요. 말할 때는 '나'라는 말로 시작해서 원하는 내용을 강조해 보세요. '너'라는 말로 시작하는 것보다 효과적이에요. '너'라는 말로 시작하면, 상대방이 자기 행동이나 말에 대해 변호하거나 말다툼이 될 수 있어요. 예를 들어 "나는 누가 내 머리를 만지는 게 싫어. 제발 하지 마."라고 말해 보세요.

누군가가 여러분을 괴롭히면, 그들의 잘못에 대해서도 분명하고 단호하게 말하세요. "그 말은 틀렸어.", "그건 무례한 질문이야."라고 말한 뒤, 그 자리를 떠나세요.

책임 있는 어른과 이야기하기

차이점에 관한 다른 사람의 의견이 여러분에게 큰 상처를 주거나 계속 같은 일이 발생하면 어른에게 상황을 알려야 할 수도 있어요. 첫 번째로 알린 어른이 도움이 되지 않으면 다른 어른과 이야기를 하세요. 여러분은 존중받을 권리가 있어요. 때로는 상황을 처리하기 위해 어른이 나서야 할 때도 있답니다.

나와 맞는 사람 찾기

한 집단에서 남과 다르다고 해서 모든 집단에서 그렇지는 않아요. 때로는 여러분과 맞는 집단을 찾아야 해요. 여러분과 관심사나 관점, 살아온 배경이 비슷하고, 그것들을 함께 나눌 수 있는 사람을 찾는 거죠.

그러기 위해 여러분에게 중요한 것이 무엇인지, 또 무엇을 좋아하는지 생각해 보세요. 특히 여러분을 잘 알고 사랑하는 사람이 뭔가를 권한다면, 마음을 열고 새로운 활동에 참여해 보세요. 엄마는 재현에게 로봇공학 교실에 가 보길 권했어요. 재현이 좋아할 수도 있고 아닐 수도 있지만, 가 볼 만하죠. 어쩌면 그곳에서 재현과 맞는 사람을 만날 수도 있어요. 설령 만나지 못하더라도 그 경험을 통해서 자신이 어떤 활동을 더 좋아하는지 알게 되어 다른 곳에서 맞는 사람을 찾을 수도 있고요. 때로는 여러분을 사랑하는 어른의 말을 듣는 것이 좋은 선택일 수 있어요!

남 앞에서 절대 자신을 깎아내리지 않기

때로는 자기 결점과 실패를 세상에 알려야 한다고 생각할 수 있어요. 그래서 "나는 너무 멍청해. 나는 패배자야. 난 제대로 하는 게 아무것도 없어."라는 말을 내뱉죠. 물론 남의 관심을 받고 싶어서 그럴 수도 있고, 다른 사람보다 먼저 자신을 깎아내려야 겸손하다고 생각할 수 있어요.

　누군가 스스로를 깎아내리는 말을 한다면 어떨까요? 이런 일이 처음이라면 사람들은 "넌 패배자가 아니야!"라며 안심시키려고 할 거예요. 하지만 계속 "아니, 난 완전 패배자야!"라고 강력하게 주장한다면, 결국 짜증을 낼 가능성이 커요. 또 진짜 패배자라고 생각할 수도 있어요.

　하지만 여러분은 패배자가 아니에요. 누구라도 완전한 패배자는 없으니 주제를 바꿔 보세요. 함께 놀거나 더 흥미로운 주제에 관한 대화에 집중해 보세요.

내가 줄 수 있는 일에 집중하기

재현은 하온이 자기보다 인기가 많고, 뭐든 더 잘한다고 믿기 때문에 **부러움**을 느껴요. 세상에는 여러분보다 더 낫고, 빠르고, 똑똑한 사람이 늘 있어요. 그래서 그게 여러분과 무슨 상관인가요? 이런 비교는 여러분에게 전혀 도움이 되지 않아요.

어떤 일에서든 최고가 아니어도 괜찮아요. 학습과 연습을 통해 지금보다 나아지기 위해서 늘 노력할 수 있고, 이런 노력은 좋은 일이에요. 이렇게 하다 보면 여러분이 누군가에게 줄 수 있는 게 늘어나요. 어떤 일에 최고인 사람이라도 모든 일에 최고는 아니에요.

우리는 저마다 독특하고 특별해요. 이 말은 여러분이 세상에 줄 수 있는 무언가를 가지고 있다는 뜻이에요. 물론 세상에 내놓는 것이 대단하지 않아도 돼요. 이 세상에 다정함과 친절을 조금만 더할 수 있으면 돼요. 여러분이 할 수 있는 다정하고 친절한 행동이에요.

- ✦ 친구를 위해 특별한 생일 카드를 만들기
- ✦ 반 친구에게 숙제 설명해 주기
- ✦ 공원에서 쓰레기 줍기
- ✦ 이웃에게 인사하기
- ✦ 꽃 심기
- ✦ 저녁 식사 준비 돕기

여러분이 다른 사람에게 무엇을 줄 수 있는지 알아보고 실천하는 것은

'최고'가 되는 것보다 훨씬 중요해요.

진정한 친구는 있는 그대로 받아들여요

사랑하는 가족을 떠올려 보세요. 만일 더 똑똑하거나, 더 키가 크거나, 더 부자거나, 더 유명하거나, 더 잘생겼다고 해서 가족을 더 사랑할까요? 당연히 아니겠죠! 여러분은 그들의 있는 모습 그대로를 아끼고 있어요.

좋은 친구도 마찬가지예요. 좋은 친구라면 여러분이 그래야 한다고 생각하는 모습 때문이 아니라, 여러분의 있는 모습 그대로를 좋아해요. **여러분 그 자체로 충분하니까요.** 완벽해지려고 애쓰는 것은 더 많은 친구를 사귀거나 친구와 더 가까워지는 데 도움이 안 돼요. 오히려 사람들에게 상냥하고 함께 즐거운 일을 하는 편이 나아요.

지나는 누구나 한 번쯤은 경험하는 상황을 겪고
있어요. 여러 사람들 사이에서 혼자 있거나
외롭다고 느끼는 상황이에요.

지나에게
꼬리가 없어서 그래.
난 짧아도 꼬리가
있잖아.

꼬리가 왜?

주위에 다른 아이들이 있지만, 그 아이들과 연결되지
않았다고 느껴요. 친구가 있는 것 같지만, 지나가
원하는 특별하고 친밀한 우정은 없어요.

꼬리가 있었으면
꼬리 잡기를 할 수 있고,
그러면 절대 외롭지 않거든!
꼬리는 늘 내 가까이에
있잖아!

그래서 주위에 함께 놀 만한 사람은 많지만,
특별한 우정을 나누는 아이들을 보면 소외감을
느껴요. 외로움은 슬프고 다른 사람과 연결되지
않았다고 느끼는 감정이에요.

난 살면서
내 꼬리를 쫓은 적이
없는데. 그게 정말 좋은
방법이라고?

놀이터에 혼자 있어
슬픈 지나

사건

지나는 놀이터에
혼자 있다.

반응

없음

생각

나만 빼고 모두 친한 친구가 있어.

행동

지나는 혼자 서 있다.

감정

외로움, 슬픔

지나 밖

지나 안

지나의 감정 고리는 지나가 놀이터에 혼자 있는 사건에서
시작해요. 때때로 혼자 있을 때 아주 행복하다고 느끼는
사람들도 있지만, 지나는 그렇지 않아요. 지나의 머리를 스치는
생각은 '나만 빼고 모두 친한 친구가 있어.'예요.
과연 이 생각이 사실일까요? 아마도 아닐 거예요. 어떤 아이들은
친한 친구가 있지만, 모두 늘 친한 친구가 있는 건 아니니까요.

이런 생각 때문에 지나는 슬프고 외롭다고 느껴요. 주위에 다른
아이들이 있어도 혼자 떨어져 있고, 뭔가 다르며 아이들이
자신을 좋아하지 않으리라 생각해요. 지나는 자신의 감정에
아무 반응 없이 계속 혼자 서 있어요.

다른 아이들은 어떤가요? 마찬가지로 지나에게 전혀 반응하지
않아요. 다른 아이들은 지나가 자신들과 친하고 싶어 한다는
사실조차 모르기 때문에 반응하지 않죠.
여기서 변화를 주려면 지나는 다르게 생각하고 행동할 방법을
찾아야 해요.

강력한 힘을 가진 말
'지금 당장'에 집중하기

기분이 우울하면 지금 이 상황이 영원하다고 믿기 쉬워요. 하지만 그렇지 않을 때가 많아요. 강력한 힘을 가진 이 말을 덧붙이면 그렇지 않다는 걸 기억할 수 있답니다. 바로 **지금 당장**이에요.

지나는 "난 지금 당장은 친한 친구가 없어."라고 자신에게 말해 줄 수 있어요. 이 말의 힘이 느껴지나요? 이렇게 말한다고 슬프고 외로운 감정이 사라지지는 않아요. 그러나 다른 가능성을 생각해 보면 안 좋은 감정이 줄어들 수 있어요. **지금 당장**이라는 말을 덧붙이면 여러분이 어떤 상황에 있든 그것이 영원하지 않다는 사실을 떠올릴 수 있어요. 더불어 앞으로 나아가고 다음에 무엇을 해야 할지 생각하는 데 도움이 되죠.

> 여러분이 어떤 상황에 있든 그것은 영원하지 않아요.

원하는 곳을 향해 작은 걸음 내딛기

우정을 돈독히 쌓는 데는 시간이 걸려요. 친한 친구가 없어서 슬픈 것

176

은 당장 해결할 수 없는 일이죠. 그러니 자신에게 물어보세요. '돈독하고 친밀한 우정을 쌓기 위해 오늘 혹은 내일 할 수 있는 작은 실천은 무엇일까?'라고요. 여러분이 내딛는 걸음에 도움이 될 만한 몇 가지 방법을 소개할게요.

쉬는 시간에 재미있게 보내는 아이들 둘러보기

그 아이들과 함께하려면 아이들이 노는 모습을 지켜보세요. 그런 다음 방해하지 말고 아이들 속으로 자연스럽게 들어가세요.

수업이나 방과 후 활동에서 괜찮아 보였던 아이들 떠올리기

그 아이들에게 다가가 먼저 인사하고 대화를 건네 보세요. 또 진심으로 칭찬하거나 작은 친절을 베풀 수도 있어요. 이런 행동은 여러분이 친구를 사귀는 데 마음이 열려 있다는 표시예요.

새로운 활동에 참여하기

관심 있는 분야의 동아리나 좋아하는 활동을 할 수 있는 모임이 있다면 함께 즐길 사람들을 만날 수 있는 새로운 활동에 참여해 보세요. 어울리며 친해지는 좋은 기회가 되니까요.

옛날 친구에게 연락해 보기

때때로 우정은 큰 싸움으로 갑자기 끝나기도 해요. 함께 시간을 보낼 수 없거나 관심사가 달라져서 서서히 사라지기도 하고요. 어느 쪽이든 이전에 관계가 좋았다면, 지금 다시 우정을 쌓는 것도 괜찮을 수 있어요.

누군가를 집으로 초대하거나 함께할 수 있는 재미있는 일 계획하기

한 사람과 즐겁게 보내는 것은 돈독한 우정을 쌓을 수 있는 가장 좋은 방법이에요. 꼭 친해야 모일 수 있는 건 아니에요. 모이다 보면 친해져요.

인내하며 계속 노력하기

깊은 우정을 쌓으려면 시간과 노력이 필요해요. 변함없는 진리죠.

많은 친구에게 마음 열기

대부분은 가장 친한 단짝 친구가 생기기를 바라요. 그 친구가 친절하고 배려심까지 깊다면 너무 좋겠죠. 하지만 여러분은 많은 친구와 어울리며 다양한 우정을 경험해야 해요. 동네 친구, 축구 친구, 수학 공부 친구, 사촌과도 친구가 되어 즐겁게 보낼 수 있어요. 그리고 시간이 지나면서 그 우정은 더 돈독해질 수도 있고, 그대로일 수도 있고요. 꼭 깊은 우정이 아니어도 다양한 경험은 여러분의 삶에 즐거움을 주고 친구 관계를 헤쳐 나가는 지혜를 준답니다. 지금 가장 친한 친구가 없다고 해서 다른 우정을 즐길 기회까지 놓치지는 마세요.

진짜 내 모습 보여 주기

우리는 보통 다른 사람에게 잘 보이고 싶어 해요. 그래서 부족한 부분은 숨기려고 하죠. 하지만 완벽한 듯 행동하는 것은 진짜 모습이 아니라 **연기**나 마찬가지예요. 너무 완벽하면 인간미가 없어서 함께하는 재미가 덜하고요. 완벽하게 보이려는 노력은 진정한 우정을 쌓는 데 방해가 되고, 무엇보다 매우 피곤한 일이에요.

반대로 자신의 감정과 어려움이나 문제에 대해 더 솔직해지면, 다른 사람과 깊은 관계를 쌓을 수 있어요. 불완전한 부분을 나누면 친구가 우리에게 다가올 틈이 생겨요. 그렇다고 모두에게 여러분의 모든 것을 말해야 한다는 뜻은 아니에요. 여러분이 좋아하고 여러분을 좋아하는 사람에게 마음을 터놓는 일은 돈독한 우정을 쌓는 매우 좋은 방법이 될 수 있다는 뜻이랍니다.

자신의 완벽하지 않은 부분을 나누는 것은 상대에게 "나는 너를 신뢰해."라고 말하는 것과 같아요. 그것은 선물이에요. 상대가 여러분을 더 깊이 알 수 있게 해 주니까요. 여러분이 마음을 열면 친구도 마찬가지로 마음을 열 수 있어요. 이것이 바로 친밀한 우정을 키우는 방법이에요.

단, 누군가에게 속마음을 털어놓기로 했다면 속도를 조절해야 해요. 너무 빨리 다 털어놓아서 친구를 당황스럽게 만들고 싶지 않다면요. 또 너무 심각한 이야기만 해도 안 돼요. 그런 대화는 흥미롭지 않거든요. 하나 더, 우정의 균형을 유지하려면 친구가 비밀을 털어놓을 기회도 주어야 해요. 그렇다면 여러분은 어떤 것들을 친구와 나눌 수 있을까요?

- ✦ 걱정거리
- ✦ 힘든 일
- ✦ 후회하는 일
- ✦ 이루어질지는 모르지만, 바라는 일
- ✦ 실수했을 때
- ✦ 마음이 아팠던 때
- ✦ 슬펐던 때

이런 주제는 취약성과 관련이 있어요. **취약성**은 무르거나 약한 특성을 뜻하죠. 취약성이 누군가에게 많이 드러날수록 상처받을 수 있는 상황에 놓일 수 있다는 뜻이에요. 위험한 일이죠. 여러분이 누군가에게 비밀을 털어놓았는데, 상대가 여러분을 놀리거나 비웃는다면 많이 상처받겠죠. 그래서 친구에게 내 약점을 드러내는 데는 용기가 필요해요. 하지만 그런 위험을 감수하는 것이 친밀한 관계를 형성하는 방법이기도 해요. 좋은 친구라면 여러분이 터놓은 속마음을 편안하게 들어 주고, 심지어 "나도 그래!"라고 반응해 줄 거예요. 그리고 그런 대답을 들으면 기분이 좋아지죠.

자신과 좋은 친구 되기

친구는 중요해요. 친구는 즐거운 시간은 더 즐겁게, 힘든 시간은 더 수

월하게 넘어가게 해 주거든요. 하지만 친구와 무슨 일이 있든 없든, 나 자신과 좋은 친구가 되는 것은 중요해요. 이 말은 **자기 자신에게 친절해야 한다**는 뜻이랍니다. 따라서 자기 자신에 대해 나쁜 말을 하면 안 돼요. 또 자신을 잘 돌봐 주세요. 주위에 친구가 없어도 즐길 수 있는 일을 찾아보세요. 더 행복해져요. 그리고 친구와 함께 모였을 때 나눌 거리가 생기죠.

혼자서도 즐길 수 있는 일을 몇 가지 소개할게요. 혼자만의 시간을 즐기는 법을 배우면 외로움을 덜 느낄 수 있으니까요.

✦ 재미있는 책 읽기   ✦ 운동하기

✦ 동영상 만들기   ✦ 반려동물과 놀기

✦ 선물 직접 만들기   ✦ 악기 연주나 음악 듣기

✦ 방을 꾸미거나 옷장 정리하기 ✦ 호기심이 가는 새로운 것 배우기

슬픔의 반대는 만족, 감사, 희망이에요

슬픔은 고통스럽지만, 우리가 무언가를 놓치고 있을 때 그 사실을 깨닫게 해 줘요. 슬프면 자기 감정과 생각에만 집중하고 싶어지지만, 위로가 될 만한 것을 찾거나 변화하는 힘이 될 수도 있어요.

친구 관계에서 슬픔은 가깝게 지내고 싶지만, 그렇지 않기 때문에 느끼는 감정이에요. 구민은 친한 친구가 이사해서 슬펐어요. 유리는 친구처럼 A팀에 들어가지 못해 실망했어요. 재현의 슬픔은 실수에 대한 수치심과 친구에 대한 부러움 때문이었어요. 지나의 슬픔은 친한 친구가 없어서 외롭기 때문이에요. 이들의 도전 과제는 각각 자기 감정을 파악하고, 원하는 친구와 가까워질 수 있는 방법을 찾는 일이에요.

우리는 이 친구들이 자기 상황을 다르게 생각하도록 돕는 방법과, 친구와 친밀감을 쌓기 위해 할 수 있는 일에 대해 이야기를 나눴어요. 또 슬픔과 반대되는 감정에 집중하면 도움이 돼요. 슬플 때라도 여러 감정을 동시에 느낄 수 있어요. 반대 감정을 찾는다고 슬픔이 사라지지는 않지만, 고통을 덜 수는 있어요.

슬픔의 반대 감정 중 하나는 **만족**이에요. 만족은 평안하고 순간순간 소소한 즐거움을 갖는 것을 의미해요.

소소한 즐거움을 찾는 **만족**

난 내 고양이를 사랑해. 같이 있으면 편안해. 난 지금 만족해.

오감(시각, 청각, 후각, 촉각, 미각)으로 사물을 탐색하면 만족을 느끼는 데 도움이 될 수 있어요. 저녁을 먹으면서 미각에 집중해 보세요. 음식을 한

드디어 동물을 쓰다듬는 것이 행복의 열쇠임을 깨달았군.

그러게!

입 베어 무는 순간 폭발하는 풍미와 그것이 입안에서 어떻게 퍼지는지 느껴 보세요. 그리고 잠시 조용히 앉아서 들리는 모든 소리에 주의를 기울여 보세요. 지저귀는 새소리와 희미한 음악 소리가 들리나요? 밖에서 걷는다면 따스한 햇볕이나 얼굴에 스치는 바람을 느껴 보세요. 또 주변의 다양한 색깔도 자세히 살펴보세요. 손을 씻을 때 비누 향을 맡아 보고 거품의 미끈거림도 느껴 보세요.

물론 이런 감각을 찾아본다고 해서 친구에 대한 슬픔이 사라지지는 않지만, 집중하다 보면 슬프더라도 소소한 만족을 느낄 수 있어요.

슬픔의 또 다른 반대 감정은 **감사**예요. 감사를 느낀다는 것은 삶의 좋은 점에 고마워하는 거예요.

좋은 것에 고마워하는 **감사**

나는 사촌에게 감사해! 함께 재미있게 놀고, 그들은 항상 내 곁에 있거든.

다시 말하지만, 감사를 느낀다고 해서 슬픔이 사라지지는 않아요. 하지만 감사는 여러분 삶에 슬픔보다 더 많은 일이 일어나고 있다는 걸 생각하게 해 줘요. 친구 때문에 슬플 때도 여러분 안에서 감사를 발견하도록 도와주는 몇 가지 질문을 알려 줄게요.

✦ **나를 걱정하거나 도와주는 사람들은 누구인가요?**

여러분의 삶에 그들이 있음에 감사할 수 있어요.

✦ **내가 즐겁게 하는 일은 무엇인가요?**

여러분은 그 일을 할 수 있음에 감사할 수 있어요.

✦ **집이나 학교에서 내 관심사는 무엇인가요?**

여러분은 그것들을 배울 수 있음에 감사할 수 있어요.

✦ **내 삶을 더 편안하게 만들어 주는 것은 무엇인가요?**

그런 것들이 있음에 감사할 수 있어요.

✦ **나를 웃거나 미소 짓게 하는 것은 무엇인가요?**

그런 경험을 했음에 감사할 수 있어요.

매일 시간을 내서 감사한 일을 하나씩 적어 보세요. 살면서 벌어지는 안 좋은 일을 알아채기는 쉬워요. 하지만 좋은 일을 알아채려면 연습이 필요해요. 시간이 지나면 감사 목록은 더욱 늘어나겠죠. 목록을 읽고 계속 더하다 보면 슬픔보다 삶의 다른 좋은 면들을 보는 습관이 생겨요.

슬픔의 또 다른 반대 감정은 **희망**이에요. 우리는 상황이 나아질 수 있다고 믿을 때 희망을 느껴요. 희망은 우리가 앞으로 계속 나아가는 데 도움이 되거나 새로운 것을 시도하도록 자극해요. 슬플 때는 희망을 찾기 힘들지만, 희망

희망은 슬픔을 더 쉽게 견디게 해 줘요.

을 찾으면 슬픔을 더 쉽게 견딜 수 있어요.

계속 앞으로 나아가도록 하는 희망

새로 이사 온 동네에 친구가 없어서 지금 당장은 외로워. 하지만 내가 먼저 사람들에게 손을 내밀어 함께하고, 그들을 알아 가려고 노력할 거야. 그럼 곧 친구를 사귈 수 있겠지.

친구 때문에 슬플 때 슬픔에 갇히지 말고, 슬픔이 만족과 감사와 희망과 균형을 이루도록 노력해 보세요. 만족과 감사와 희망에는 부드럽고 편안한 행복이 들어 있어요. 친밀한 우정을 쌓는 데는 시간이 걸릴 수 있지만, 그 과정에서 소소한 즐거움을 찾을 수 있어요.

슬픔을 꼭 안아 봐요!

친구 때문에 슬플 때는 여러분이 슬프다는 사실을 알아차려야 해요. 슬픔은 여러분이 원하거나 바라는 것을 알려 주는 중요한 정보니까요. 자신을 들여다 보고 친절하게 대함으로써 따뜻하게 슬픔을 다스려 봐요.

✦ 친구 관계가 끝난 적이 있나요? 무슨 일이 있었나요? 어떻게 그것을 극복했나요?

✦ 크게 실망했다가 점차 그 감정이 사라진 적이 있나요? 그때 누가 위로해 주었나요?

✦ 실망한 자신을 다독이기 위해서 무엇을 했나요? 실망감 때문에 더는 고통스럽지 않다는 걸 언제 깨달았나요?

✦ 왜 우리는 가끔 자신을 깎아내리는 행동을 할까요?

✦ 자신을 깎아내리는 게 좋지 않거나 도움이 되지 않는 이유는 무엇일까요?

✦ 많은 사람 속에서 외로움을 느낀 적이 있나요? 그 감정을 어떻게 다스렸나요?

✦ 친구와 더 가까워지기 위해 무엇을 했나요? 또는 무엇을 할 수 있을까요?

✦ 슬플 때 가장 위로가 되는 것은 무엇인가요?

친구를 위로하는 방법

　지금까지 친구 관계에서 느끼는 자신의 감정을 다루는 여러 방법에 관해 알아봤어요. 내 감정을 잘 다스리는 일도 중요하지만, 옆에 있는 친구의 감정을 읽고 다가가는 법을 아는 것도 중요해요.

　어떻게 하면 상처받은 친구를 위로할 수 있을까요? 친구가 속상해하면 도움이 되는 말로 문제를 해결해 주고 싶을 수도 있어요. 하지만 친구가 원하지 않을 때가 많아요. '그냥 ~를 해 봐.'라는 식의 말에 친구는 압박을 받거나 무시당한다고 느낄 수 있어요.

수학 시험을 망쳐서 속상해!

 그냥 나처럼 공부를 더 열심히 해 봐.

 윽! 기분이 전혀 나아지지 않아!

속상한 친구에게 이런 말을 하면 친구는 불쾌할 거예요! "네 문제는 별거 아니야!" 또는 "내가 너보다 더 잘 알아!"라고 들릴 수 있으니까요. 이런 말은 전혀 위로가 안 돼요. 그렇다면 어떻게 해야 친구에게 도움이 될까요?

일단 들어 주기

가장 먼저 해야 할 일은 그저 속상한 친구의 말을 들어 주고, 잘 듣고 있다는 표시로 친구가 한 말을 따라 하며 맞장구쳐 주는 거예요.

✦ **너는** _____ 때문에 _____ 를 느끼는 구나.

✦ **너는** _____ 할 때 힘들구나.

✦ **너는** _____ 일 때 신경이 쓰이는구나.

✦ **너는** _____ 가 되길 바라는구나.

친구의 감정을 잘 모르겠다면 '~인 것 같은데.' 또는 '~처럼 들리는데.'라는 말을 덧붙이고, 친구의 대답을 들어 보세요. 이 모든 말에는 '너'라는 단어만 있고, '나'는 없어요. 위로할 때는 내가 아닌 친구에게 초점을 맞춰야 해요. 이렇게 하면 친구는 여러분이 염려하고 이해하고 있다는 느낌을 받기 때문에 도움을 얻을 수 있어요. 위로를 받고요. 때때로 친구는 여러분이 문제를 해결해 주기보다 그냥 들어 주기를 원해요.

충고하기 전에 물어보기

친구 이야기를 듣고 난 뒤에는 문제의 종류에 따라 "넌 뭘 할 생각이야?"라고 물어볼 수 있어요. 친구를 정중하게 대하는 방법이에요. 친구가 똑똑하고, 할 수 있는 여러 가지를 이미 생각했으리라는 걸 알고 있음을 보여 주죠. 그다음 "네가 그렇게 하면 어떻게 될 것 같아?"라고 물어볼 수도 있어요. 그러면 친구가 상황을 생각하는 데 도움을 줄 수 있어요.

만일 친구가 생각하지 못한 방법이 있다면, "내게 좋은 생각이 있는데, 한번 들어 볼래?"라고 물어봐요. 하지만 친구가 싫다고 하면, 하지 마세요. 옳다고 생각하는 것보다는 친구를 위로하는 게 더 중요하니까요.

또 친구에게 "내가 뭘 도와줄까?" 또는 "지금 이 문제에 관해 이야기하고 싶어, 아니면 그 일이 생각나지 않게 다른 일을 하고 싶어?"라고 물어볼 수도 있어요. 친구가 원하는 것을 알 수 있는 방법은 질문뿐이에요.

관심을 보여 주는 행동하기

만일 친구가 여러분에게 화났다면, 친구가 화난 이유를 알고 있고 앞으로는 달라지리라는 걸 행동으로 보여 주세요.

친구가 속상한 이유가 무엇이든 친구를 친절하게 대하면 돼요. 친구와 시간을 보내거나 함께 특별한 일을 하자고 초대해 보세요. 속상한 친구에게 작은 선물을 할 수도 있어요. 직접 만든 쿠키나 친구를 웃게 할 우스꽝스러운 물건, 두 사람의 사진 또는 얼마나 소중한 존재인지를 적은 쪽지 같은 거요.

하지만 아무리 위로하려고 애써도 문제가 해결되지 않을 수도 있어요. 그래도 친구가 마음이 상했을 때 잘 챙겨 주면, 우정은 더욱 깊어져요.

행복하고 돈독한 우정을 쌓아요

친구와 함께하는 행복은 매우 즐거운 느낌을 줍니다. 서로 끈끈하게 연결되어 있다는 생각을 하게 하고요. 편안하고 평화로운 일상을 선사하기도 합니다. 평범한 일상을 특별하게 만드는 이런 행복을 누리기 위해 우리는 지금까지 친구 관계에서 느끼는 감정을 이해하고, 감정에 대해 이야기하고, 감정을 보듬어 다룰 수 있는 많은 방법을 살펴보았어요. 이 방법을 잘 활용하면 누구라도 행복하고 돈독한 우정을 쌓을 수 있어요. 수많은 방법 가운데 이 세 가지는 꼭 기억하세요.

함께 재미있게 보내기

우리는 보통 함께 재미있게 놀면서 친구를 사귀어요. 불안과 분노 또는 슬픔 같은 감정 때문에 자신을 꼼짝 못 하게 가둔 채 즐거움을 놓치지는 마세요. 친구와 재미있게 보내다 보면 기분이 좋아지고 더 친해질 수 있어요.

우정의 위기 순간 극복하기

친구와 다투거나 오해가 생길 때 서로 배려하면서 해결해 나가세요. 서로를 더 잘 이해하는 데 도움이 되고, 우정도 돈독해질 수 있어요. 마음을 열고 친구의 말을 들어 주고 친구가 원하는 대로 맞춰 주세요. 또 여러분의 감정을 명확하고 친절하게 설명해 주고, 원하는 바를 요청하세요. 여러분이 말하지 않으면 친구는 절대 알 수가 없어요! 때로는 시간을 가지면 감정이 가라앉는 데 도움이 돼요. 그리고 과거의 상처를 붙잡고 있지 마세요.

친구와 도움 주고받기

친구에게 관심이 있음을 표현하기 위해 할 수 있는 일을 생각해 보세요. 친구가 여러분에게 친절을 베풀 때를 알아채고 그 마음에 감사하세요. 그리고 친구에게 여러분의 진짜 모습을 보여 주세요. 여러분은 완벽하지 않고 친구도 마찬가지예요. 완벽하지 않아도 괜찮아요. 진정한 친구는 있는 그대로 서로를 소중히 여기거든요.

에일린 케네디 무어

저명한 작가이자 심리학자이며, 미국 주요 일간지와 잡지,
방송에 자주 등장하는 육아 및 아동 발달 전문가입니다.
지금까지 쓴 책은 10개 국어로 번역 출간되었고, 가장 최근에 나온 어린이 책은
《변덕쟁이 자동차들Moody Moody Cars》《진짜 친구를 만드는 관계의 기술(크리스틴
맥러플린 공저)》이 있습니다. 우정에 대해 아이들 고민을 상담해 주는 팟캐스트
〈어린이가 프랜타스틱 박사에게 묻다Kids Ask Dr. Friendtastic〉를 운영하고,
블로그 〈성장하는 우정Growing Friendshinps〉은 조회 수 490만 회 이상을 기록하고
있습니다. 현재 뉴저지주 프린스턴에서 심리 상담 클리닉을 운영합니다.
EileenKennedyMoore.com

크리스틴 맥러플린

세 아들의 엄마이고 작가이자 편집자입니다. 인기 잡지와 웹사이트에
주로 육아 및 건강에 관한 수백 편의 글을 썼습니다.
에일린 케네디 무어와 함께 《진짜 친구를 만드는 관계의 기술》을 썼고,
《필라델피아로 가는 개 애호가의 친구The Dog Lover's Companion to Philadelphia》,
《미국 적십자 : 개 응급 처치American Red Cross : Dog First Aid》와
《미국 적십자 : 고양이 응급 처치American Red Cross : Cat First Aid》를
포함한 8권의 책을 냈습니다.
ChristineMcLaughlin.net